JN075154

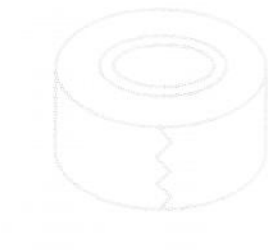

2018片づけ大賞グランプリ受賞

伊藤寛子
学校片づけアドバイザー

今日からできて、「キレイ」が続く仕組み作り

学校の片づけ術

学事出版

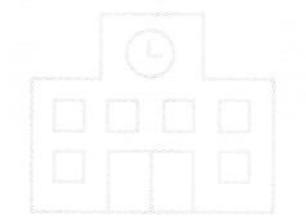

はじめに

教員になって30年経った時、市の永年勤続の表彰を受けました。その時、全職員の前でこんなことを話しました。「今、教員生活の第3コーナーを曲がったところです。ゴールまで一直線、あと少しです」と。ところが、コーナーを曲がり切れずに、なんと場外へ飛び出してしまいました。そんな私は、現在、「学校片づけアドバイザー」として、学校の片づけをしています。

子どもたちの成長を見守り、指導することはやりがいがあり、ずっと続けるつもりでした。ところが、小さい頃から好きだった住宅建築やデザイン、「家に関する勉強がしたい！」という気持ちが押さえ切れず、インテリアコーディネーターの専門学校へ入学。その後、数々の資格を取る中で、整理収納アドバイザーになりました。そこからは、眠っていた片づけ心がムクムクと湧きあがり、個人宅をはじめ、店舗やオフィスなども片づけてきました。

今、振り返ってみると、教室の環境整備には力を入れてきたし、片づけというより子どもたちが自主的に活動できる仕組み作りを、いつも工夫していたなと思います。

10年ほど前、退職した夫（元教員）がＤＩＹアドバイザーの資格を取り、図工室にある道具の整備を始めました。整備をすることで危険を避け、子どもたちが授業で気持ちよく安全に道具が使えるようにするためです。

そして、私もいっしょに図工室の片づけを始めました。

そんな図工室の状況はというと、「ここは物置？」と思えるような学校から、開校間もなくてまだ備品の少ない学校、臨時のプレハブでの図工室やら、本当に様々です。

ところが、一見片づいているように見える図工室の中身を見ていくと、「何でこれがここにあるの？これとこれは同じ所にあったらいいのに」と思うことがたくさんありました。これを整理して、上手く仕組みを作って収納したら、先生方はもっと授業時間を効率よく使えるはずです。しかも、授業が終わっての片づけも、きちんと元に戻れば、図工部の先生も学年末に片づけ祭りをしなくて済みます。

図工室を使う先生方が少しでも楽になり、授業時間を効率的に使えば、子どもたちにもよい時間が増えるはず。そんな想いで図工室の整備をもう30回ほど行ってきました。

学校片づけアドバイザーとして、図工室を片づけ、縁あって事務室を片づけ、特別教室や印刷室などを片づけているうちに、とうとう職員室を片づけるチャンスがやってきました。

さすが、職員室は緊張します。けれど、職員室の内情を知っている私だからこそ片づけられる。そんな気持ちで引き受けました。２０１８年の春です。

その時の様子は、第8章で述べています。学校全体で私たちを受け入れ、協力してくれた片づけの成果を、一般社団法人日本片づけ整理収納協議会（通称「ＪＣＯ」）主催の片づけ大賞２０１８で発表し、なんとグランプリを受賞！

この時の私は、「早く日本中の学校に片づけのよさを伝え、プロの力を使い、一刻も早く、少しでも、片づけで先生方を楽にしたい！」その思いでいっぱいでした。その後、４校からの職員室などの片づけやアドバイスの依頼があり、改善に取り組んできましたが、まだまだ、もっともっとという気持ちです。

それと並行して行ってきたのが、横浜市公立学校事務職員研究協議会で行っている研修会での講師。

これを4回務めました。
その間、横浜市内の何校かで実践し、「これが片づくための仕組みだ！」と思えることがさらに掴めてきました。ちょうどその頃、月刊『学校事務』の連載が始まり、２０２０年からの2年間、事務職員向けに片づけを伝えてきました。
本書はその2年間に伝えてきたことを基に、学校で働く全ての人たちに片づけの効果を伝えたいと思って書きました。

学校は未来を担う児童・生徒の成長に関わるとても重要な場所ですが、大変忙しく、また課題も多く、私たちが勤務していた頃よりさらに深刻になっています。学校はブラック企業とも言われ、過酷な毎日を見聞きするたびに、何とかならないかと胸が痛みます。
クラス担任をしていた頃のことです。子どもたちが帰ったあと、教室の事務机や教卓のところで作業をした後の掃除。片づけた後、最後に掃除用具入れまで箒とチリトリを取りに行き、持ってきて掃除をし、ゴミを捨て、また教室の後ろまで道具を戻しに行く。これをいつも繰り返していました。早く帰りたいのにこれが面倒で、ちょっとの時間でしたが、すごくもどかしく感じていたものです。
そこで、閃いたのが小さな箒とチリトリ。これがセットになったモノを自前で買い、事務机の横に置いてみたら……。使いたい時にすぐに出して掃除ができ、いちいち教室の後ろまで歩いて取りに行くことがなくなったのです。
取りに行くのと戻すのとで約30メートル。それがカットで時短に。何でももっと早くにそうしなかったのかと思ったものでした。
今になって気付く、無駄な時間の無くし方。もっと早く気付けばよかった……と、残念に思います。

老若男女、世界中誰でも、1日は24時間。どんなお金持ちでも、持てる時間は皆同じなら、時間を無駄にしたくない。それならば、私が今になって気付いたことを、もっとたくさんの方に伝えて共有できたら。そんな想いも膨らみました。

片づけの仕事を始めてしばらくして、私がアシスタントになった収納王子コジマジックこと小島弘章氏が一般社団法人日本収納検定協会（通称『収検』）を発足させ、テキストや講座作りなどに携わってきました。

『収検』の理念は収納と育児・教育・育成を合わせた造語の『収育』です。子どもたちが収納の大切さ、片づけの楽しさを学んで、生きる知恵と力を身に付けるという『収育』。

学校で片づけを学ぶには、教える側の大人が片づけられる人であってほしいと願います。

そこで、本書で大人も本当の片づけを学んでください。右のモノを左に移すだけ、散らばっているモノをまとめるだけ、出ているモノをしまうだけ、そんな片づけとはもうさようなら。片づく仕組み作りをしましょう。

この本を手に取ってくださる方がどんな校種でも、どんな職種でも、実践できる仕組みの事例をたくさん載せています。

片づけた方がよいのは分かっているけれど、なかなか取り組めない。自分は片づけが苦手だから無理。自分は片づけたいけれど、周りが動き出さない……などなど、いろいろな理由があるでしょう。

ですので、まずは自分から、そして簡単ですぐにできるところから始めてください。苦手なのではなく、やり方を知らなかっただけです。1つでもよいので、この本にある仕組みを作ってみてください。「なーんだ、こんな簡単なことか！」と思うこともありますから。

いっしょに学校での作業をしている夫にも、今回コラムを書いてもらいました。「ＤＩＹアドバイザーの目から見た教育環境整備」と題して、環境をよくするという視点で書いています。学校の片づけに繋がるヒントもたくさんありますので、見つけていただければ幸いです。

本当に忙しい学校。大変なことは本当によく分かります。
それでも、毎日働く職場は、少しでも快適にしたいものです。教職員の皆さんは、その不便さを我慢したり、諦めたり、はたまたそれが当たり前と思って不便を不便とも感じていないかもしれません。
また、職種によっても感じ方が違ったり、お互いの事情を理解できなかったりすることも、仕組みで解消できたら素晴らしいと思いませんか。
初めから上手くいくとは限りません。トライ＆エラーの精神で、さあ今からチャレンジ！

「片づく仕組み作りが働き方改革を進める」

はじめに 3
目次 8

第1章 片づけることが山ほどある学校 13

1. 図工室で見つかった片づけ問題 あるある 14
2. 事務室で見つかった片づけ問題 あるある 16
3. 教室で見つかった片づけ問題 あるある 18
4. 印刷室で見つかった片づけ問題 あるある 20
5. 職員室で見つかった片づけ問題 あるある 22
6. 学校の片づけ問題の原因 24
7. 忙しいからこそ片づける 26
DIYアドバイザーから見た教育環境整備コラム❶ 切れない鋸は危険 28

第2章 片づけるってどうすること? 29

1. 整理・整頓・収納・片づけ・掃除とは? 30
2. 「片づけ」の捉え方は人によって違う 32

3. 「片づけ」で作る時間のゆとり 34
4. 「片づけ」で作るお金と心のゆとり 36
5. 「片づけ」の一番の目的は安全 38
6. 「片づけ」の順は「出す」→「分ける」→「しまう」 40
7. まずは「整理」しまう=「収納」ではない 42
8. 「片づけ」は教育環境を整備すること 44
9. 最初に何から、どこから手を付ける? 46
DIYアドバイザーから見た教育環境整備コラム❷ 切れないカッターは危険 48

第3章 「分ける」仕組み作り

49
1. 片づく仕組みを意識して作る 50
2. クリップを大きさ別に分ける・まとめる(ゾーニング1) 52
3. 鍵を校舎ごとに分ける・まとめる(ゾーニング2) 54
4. いっしょに使うモノをまとめる(グルーピング) 56
5. 図工室でのゾーニングの工夫 58
6. 家庭科室でのゾーニングの工夫 60
DIYアドバイザーから見た教育環境整備コラム❸ キャスター付きワゴンを図工室に 62

第4章 「色を使う」仕組み作り 63

1. 分けたモノを色で表示する（カラーリング） 64
2. 図工室の領域を色分けする 66
3. 事務用品を色分けする 68
4. ゴミ箱を色分けする 70
5. エコステーションでの分別を色分けする 72
6. テープ類は色を揃える 74
7. 同じ種類で多色のモノは虹色に並べる 76

第5章 「見える化する」仕組み作り 79

1. 段ボール箱を見える化する 80
2. 透明、半透明の収納用品を使う 82
3. 見える化の基本はラベリング 84
4. いつでもラベルが見える状態にする 86
5. 見えるところに置くという見える化 88

DIYアドバイザーから見た教育環境整備コラム④ あると便利、建築用養生カラーテープ 90

第6章 「動作を楽にする」仕組み作り 91

1. モノを収納する高さを意識する 92
2. 使いやすい高さにする 94
3. 戸棚がスタンディングデスクになる 96
4. 児童・生徒が使いやすい高さにする 98

DIYアドバイザーから見た教育環境整備コラム⑤
引き戸にノズル付き潤滑油を 100

第7章 「動線を整える」仕組み作り 101

1. 「片づけ」の計画は大から、作業は小から 102
2. 回遊動線を作る 104
3. 動線を短くする 106
4. 思いやり渋滞をなくす 108

DIYアドバイザーから見た教育環境整備コラム⑥
ラベル剥がしはハンドクリームで 110

第8章 職員室を片づける 111

1. 働きやすい職場環境にする 112
2. 職員室の片づけの進め方❶ 114

3. 職員室の片づけの進め方❷ 116
4. 実践例――横浜市立Y小学校❶ 118
5. 実践例――横浜市立Y小学校❷ 120
6. 実践例――横浜市立S小学校❶ 122
7. 実践例――横浜市立S小学校❷ 124
DIYアドバイザーから見た教育環境整備コラム❼ ペットボトルのささくれないカット技 126

第9章 書類を片づける

127
1. 学校には書類がいっぱい 128
2. 書類はいつまで保存する? 130
3. 書類を整理する 132
4. 簿冊式ファイリングのメリット・デメリット 134
5. 簿冊式からバーチカル式ファイリングへ 136
6. それぞれのよさを活かして 138
DIYアドバイザーから見た教育環境整備コラム❽ 校内には使えるモノがいっぱいある 140
参考文献 141
おわりに 142

第1章

片づけることが山ほどある学校

1-1
図工室で見つかった 片づけ問題 あるある

ありある在庫

小学校の図工で版画を学習します。学校規模にもよりますが、この版画用のインク、結構使います。毎年、図工部の先生が使用量を考えて年度当初に買うのですが、この予測がなかなか難しいのです。

インクのチューブの中に、中途半端に残ってしまうこともよくあります。これを逆さまにしておかないと、使いたい時にインクが出ません。使ってペタンコになった容器に空気を入れ、逆さまにしておくという整備を私は行っているのですが……。

そんなある学校の図工室の戸棚の下から、こんなに大量のインクが見つかりました（写真左上・右上）。たくさん使うのだと思いますが、かなりの本数の在庫です。

しかも、下段の段ボール4箱にもインクが。段ボール箱に入っていると中が見えず、何色があるか、何本あるかが分かりません。

また、共同絵の具という大きなチューブの絵の具があります。12色セットですが、使う色と使わない色があり、あまり使わない色はチューブが何本も残っています。

どこに何があるか分からない

図工ではいろいろな種類の道具を使います。それで、図工準備室には棚がいくつもあります。そこには大体同じ領域のモノがまとめられてはいますが、それでもあちこちに散らばって収納されていることもあります。引き出しの表示と中身が違うこと、また表示が付いていないこともあります。

ある学校では買った時のままの万力が箱に入って準備室の片隅に置かれていて、とても残念に思いました。

専科がいない場合、物品の管理がしにくい状況です。

在庫がたくさん

インクをもっと手前に出せば、在庫が見やすくなります。使いかけのインクから使ってもらえるようにとチューブを逆さまにしてあるのですが…

段ボール箱に入ったままの版画用インク

図工準備室にはたくさんの道具があります。どこに何があるか、一目でわかるようにして、準備や片づけの時間を短縮したいものです。
棚の上にもたくさんのモノが置かれ、上げ下ろしは危険です。

1-2

事務室で見つかった片づけ問題 あるある

〉〉〉難しい在庫管理

異動したばかりの学校で、新たに購入したモノが別のところにあったと話す事務職員がいました。物品が定位置管理されていれば問題ないのですが、あちこちに収納されていては在庫の総量が分かりません。

また、中の残量が見えないと何がどれだけあるか分からず、在庫が切れて慌てて発注することに。

一度にたくさん買った方が安いからと大量に買ったものの使わず終いになってしまっていることも。

〉〉〉「何をお探しですか？」

そう声かけをする時があると事務職員から聞きました。事務用品を取りに来た先生が棚の前で何かを探しているような時です。探す時間ももったいないですが、探している先生の様子を見て手を止め「何をお探しですか？」と声をかけることは、事務職員にとっても時間の無駄ではないでしょうか。

ある学校の事務室を訪れた時のこと、きれいにカゴが並んでいてラベルも貼ってあるのに、しばらくキョロキョロ探している先生がいました。その時、きれいにカゴが並んでいるだけでは探せない、すぐに目的のモノを探せる仕組み、また使ったモノを戻しやすい仕組みを作りたいと強く思ったのでした。

〉〉〉学年末のUターンラッシュ

事務職員研修会で困っていることを聞くと、「学年末に大量のモノが戻ってくる」に実にたくさんの手が挙がり、事務職員のお悩みの筆頭だと分かります。

学年末まで授業で使っているモノは仕方ないですが、使い終わったら元に戻すということがなかなかできないのは、忙しさのせいなのか、先生方の行動に問題があるのか。戻したとしても、事務用品が乱れることもお悩みの1つです。特に使いかけの筆記用具が新品のところに混ざってしまうことがストレスになっています。

お悩みがたくさん

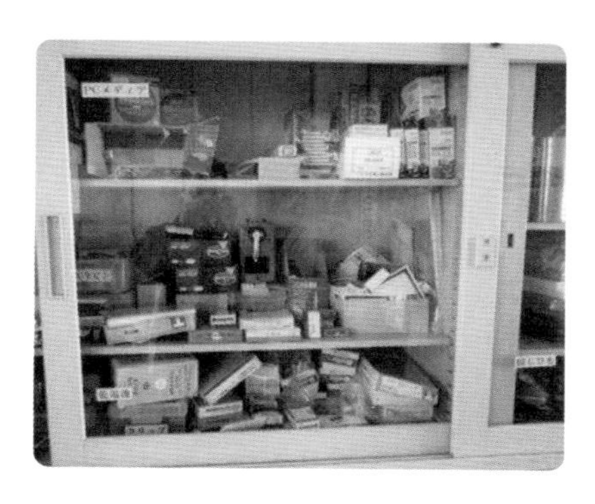

使う側から見ると、これでは何がどこにあるのかすぐには分かりません。
事務職員にとっても、何がどれだけあるか分からず、在庫管理がしにくい。

事務職員のお悩みは?

事務用品がいつも乱れる

在庫管理がうまくできない

片づけが苦手

学年末に物品が大量に戻ってくる

事務室・事務スペースがない!狭い!使いにくい!

このような声を聞くたびに、何とか片づく仕組みを作りたいと思うようになりました。
使う側（教職員）と提供する側（事務職員）が共に気持ちよく使える場所にしたいもの。

1-3

教室で見つかった片づけ問題　あるある

〉〉〉教室の広さは変わらないけれど……

　現在、個人に任されている教室の片づけに、私は携わっていませんが、今までの経験で教室の実態はよく分かります。ほとんど担任の采配で教室内のモノの収納は決まりますがその教室の状況は様々です。個人が所有しているモノの量によるところが大きいです。また、教室には先生が使うための棚などが、置いてあったり造り付けになっていたりしますが、収納が足りないこともあります。昔から広さは変わっていないのに、最近はタブレット庫が参入してきたので、またまた狭くなりました。

　児童・生徒の持ち物も大きくなってきています。ランドセル・通学カバン、冬のコート、体操着、給食の白衣、上履き入れ、手提げカバン、雨の日には雨具……。学習に使う道具も含め、本当にたくさんのモノが教室にはあって、それを全部収納しなくてはならないのです。

決められた広さの中で、児童・生徒の持ち物と先生の持ち物を、授業が効率よく進められるように配置することは至難の技です。

〉〉〉特別教室にも、モノがいっぱい

　学習指導にモノをたくさん使う理科、図工、家庭科、音楽などは、そのモノの整理・収納・整頓に頭を悩ませます。消耗品であれば在庫を確認し、補充しなければなりません。そうでなければ、15ページで見たようなインクのダブつきが起こります。

〉〉〉体育倉庫にも、モノがいっぱい

　児童・生徒が出入りして、授業に使う道具を出し入れします。大きくて、重くて、硬いモノが入っているところの片づけは意識してやっておかないと危険です。見た目よく整頓するだけでなく、使用頻度や重さ、形などを考慮して、出し入れしやすい収納にする必要があります。

　使ったら元に戻す、これを楽にできるようにする工夫が今すぐ必要なところです。

教材・教具がたくさん

教室には児童・生徒の持ち物、授業で使うモノ、作品などでいっぱい。人数の多い学校では、さらにスペースのゆとりがなくなります。

音楽準備室にはたくさんの楽器がひしめき合っています。

こちらの棚の上にもたくさんの
モノが置かれ、
上げ下ろしは危険です。

奥のモノを出すためには手前のモノを動かさないと出せません。

児童・生徒も出し入れをするので
安全に気をつけないと
いけない場所です。

1-4 印刷室で見つかった片づけ問題 あるある

〉〉〉印刷室と言っても広さはいろいろ

学校の心臓部ともいえる印刷室。最近は印刷物が減ってきたとはいえ、中学・高校では試験の前には印刷機がフル回転しています。

この印刷室、以前は職員室の中で印刷していたので、印刷室として設定されていない学校もあります。それでも必要な場所ですから、学校によっては元放送室なども利用して、狭いところでひしめき合って印刷しているところもあります。

その逆に普通教室１つ分の広さの学校も。広いけれど部屋の片側から反対側までの動線が長く、もう少し効率的に部屋が使えたらと思うこともあります。

〉〉〉いろいろな印刷関連機器がある

印刷機だけでなく、裁断機（電動・手動）、紙折り機、丁合機、拡大コピー機、ラミネーターなどなどいろいろな機器、印刷用の紙など、たくさんのモノがあって、収納に頭を抱えています。

〉〉〉印刷用の紙だけでも種類はいろいろ

私が教員として勤めていた頃は、印刷用紙のサイズはＢ４とＢ５が主流でした。ところが、Ａ４が一般的になり、時にはＡ３を使うこともあります。それでも、Ｂ４、Ｂ５も未だに健在です。さらに薄いピンク、黄色、黄緑、水色など、多くの色の用紙をそろえている学校もあります。

〉〉〉印刷に使う紙以外のモノも

中には学習用の画用紙、色画用紙、習字半紙、原稿用紙、模造紙など、紙類の置き場になっている学校もあります。結構困るのが模造紙の収納。丸めると、取り出しにくいですし、紙の端で手を切ることも。マップケースを使うと、とても場所を取ります。

印刷関連の機器がたくさん

狭い印刷室では、お知り（尻）合いになることも。

印刷用紙も昔はB5,B4が主流でしたが、今はA3、A4も使います。色もピンク、ブルー、クリーム、黄緑と増えました。

紙折り機、丁合機、電動カッターなど印刷関連の機器もたくさんあります。

1-5

職員室で見つかった片づけ問題　あるある

〉〉〉とにかく、狭い！

通路が狭く、カニの横這い状態。机の上が狭く、山積み状態。机、棚、引き出し、いろいろな機器がラッシュ状態です。便利な機器類が増えた分、ゆとりのスペースが減っています。昔はちょっとした休憩スペースがあって、打ち合わせができるようなテーブルも置かれていた学校もありましたが、最近はあまり見かけません。「休憩スペースが欲しい！」、「立ったままでも打ち合わせする所が欲しい！」という切実な要求です。

〉〉〉思いやり渋滞発生

職員室が狭いことに起因して、出勤札、鍵、レターケースなどがある場所で、朝のラッシュアワーには渋滞が発生します。ほんの少しの時間ですが、1秒でも大事な時間です。机と机の間、机と壁の間も1人が通るのがやっとで、すれ違えません。こんなときは、一瞬でもどちらかが待っています。この渋滞を私は「思いやり渋滞」と名付けています。解消したいことの1つです。

〉〉〉鍵探しと行方不明

学校で使う鍵は実にたくさんあります。管理上仕方がないことです。たくさんある鍵の中から使う鍵がすぐに見つけられればいいのですが、なかなか探せないと時間の無駄になってしまいます。付け足し、付け足しで、キーホルダーの規格がバラバラだったり、使い回しで汚くなっていたり、表示の仕方がまちまちだったり……。使用頻度が高い割には粗雑に扱われている鍵たちです。

私が現役の頃、「〇〇の鍵をお持ちの先生、大至急職員室へ戻してください」と、時々こんな放送が入りました。ポケットに鍵を入れたまま忘れてしまうのか、また戻しに行く時にすぐに行けなかったり、職員室が遠くて戻すのが面倒くさかったりしたのかもしれません。

鍵がたくさん、机がたくさん

- どこに何の鍵があるか?
  誰が使っているのか?
  探すのが大変です。
- キープレートもバラバラ、
  表示の仕方もバラバラ、
- 表示が小さい。
  キープレートも小さいので
  ポケットに入れて
  忘れそう。

立ったままでもちょっとした打ち
合わせができる、こんなスペース
がほしいものです。

職員室の真ん中の通路です。
すれ違うことのできない、
狭い通路なので、ここでも
思いやり渋滞が起こります。

1-6 学校の片づけ問題の原因

〉〉〉多種多様なモノがいっぱい

学校には実にたくさんのモノがあります。各学年、授業で使う様々なモノをはじめ、式典や運動会など行事で使うモノ、学校の運営で使うモノなどなど、本当に多種多様のモノが学校にはたくさんあります。担当者が中心になって教科や領域ごとにモノを管理しているところが多いですが、忙しくてなかなかできません。

〉〉〉異動のサイクルが早い

それらのモノがどこかに収納されているわけですが、担当の教職員が自分流に収納していることが少なくありません。異動するとそれが上手く引き継がれていかないこともあり、どこに何があるか分からず、場所を覚えるまでに時間がかかります。

〉〉〉新しい機能の機器がどんどん導入される

学校にパソコンが入り、それに伴ってプリンターが入り、タブレットが入り、どんどん新しい機器が導入され便利になっていくのはいいのですが、それをどこにどのように収納するかということに追われ、じっくり片づけに取り組むことができません。

〉〉〉とにかく狭い

部屋の広さ、教職員の数によっても違ってきますが、職員室や教室は、机、棚、引き出し、また様々な機器が置かれ、さらに狭くなっています。

〉〉〉とにかく忙しすぎる

教職員の超過勤務についていろいろなところで取り上げられ、「ブラック」と言われる学校です。今すぐできることをして、少しでもゆとりのある学校にすることが必要ですが、「そのためはどうしたらよいか」を考える時間も気力もありません。

探しやすく、戻しやすくする

低学年の教具室です。どこに何があるか分からないし、探すにもまっすぐ歩けません。狭くはないけれど、これでは……。

ゾーンを教科や単元に分け、使いやすい配置にしました。片づけた後は、まっすぐに歩くことができ、使うモノがすぐに見つけられるように。授業の準備や片づけの時間を短縮することができます。

1-7 忙しいからこそ片づける

＞＞モノを探す時間はムダな時間

私たちは日常的にモノを探すことがあります。「どこにある？」とモノを探す、「どのファイル？」と書類を探す。「誰に聞けばいい？」と人を探す、などなど。自席でも筆記用具を探す、パソコンの中でフォルダを探す、資料を探す、職場だけでなく自宅でも探すなど……。

そうやって探す時間というのが1日のうちに何度もあって、積もり積もればそれは結構な時間になってしまいます。

＞＞問題点探しと仕組み作り

今の職場を何とかしたいと思っている皆さん。「片づけで働き方改革なんてできるの？」と疑問を持つ皆さん。その問題点に気付かない、気付いてもどうせ改善できないと諦めている皆さん。

まず、問題点を見つけて、解決方法を探りましょう。そして1つでも、簡単なことでも、とにかくやってみてください。そして、その効果を感じてください。

＞＞狭いと不平を言うよりも、不要なモノを無くす

新しい機器が入ってくるということは、その代わりに使わなくなるモノがあるということです。それをいつまでも置いておくことでスペースが狭くなっています。

毎日、目にしているところは「景色」になってしまい、意外と気付かないものです。それも、とてもよい場所、使いやすい場所、みんなが通る場所にあるのに、使われていないモノが置かれていることがあるので、それを無くしていきます。意外と気付かないのが、目に入るモノ。掲示物なども期限切れのモノはどんどん外し、目から入る情報も減らし、スッキリした空間を目指します。

第2章では「片づけとは何か？」を、第3章からは具体的な仕組み作りを紹介していきます。さあ、今すぐ行動しましょう！

楽にする、安全にする

たくさんの懐中電灯。
いつ、誰が使うの？

電話はここにあり、
電話をかけるのが
高い位置なので、
踏み台が必要でした。

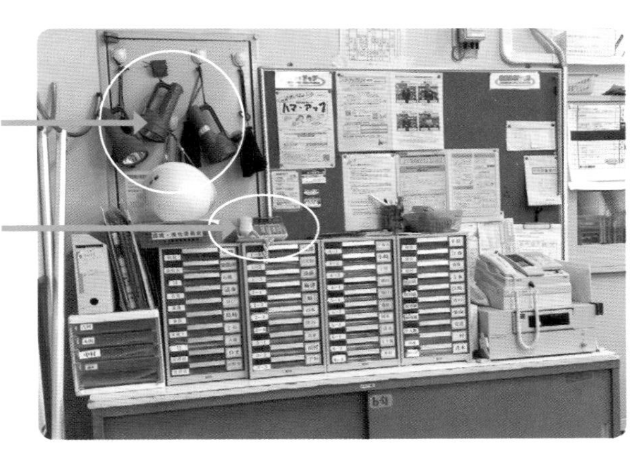

下の戸棚の前には踏み台があり、狭い通路では邪魔で危険でした。それも仕方がないと諦めていましたが…

たくさんの懐中電灯は
別の場所へ。
忙しいからこそ、
目に入るモノ
を減らしたいものです。

電話の位置を少し
下げて使いやすく
しました。

電話の位置を低くしたので、床の踏み台は要らなくなり、安全に。

DIYアドバイザーから見た教育環境整備コラム ❶

切れない鋸(のこぎり)は危険

小学校の図工室で金属工具整備は鋸から点検する。鋸の状況で一番多いのは、歯の欠けである。多いモノは5ヶ所以上。これでは切れずに滑る。

次は腰（鋸の金属板部）の反り、歯の曲がりである。原因は固いものに歯を当てたか、釘や金属、固まったボンドなどを切削しようと力を入れすぎた結果と考えられる。このまま切削すると引っかかり、力を入れすぎて歯が板から外れることもある。

小学校の場合、正確に切削し作品にすることがねらいでなく、児童の力でも切削できることを体感することがポイントである。だからきちんと切削できる整備が必要となる。市販の潤滑油を含ませた布で、腰、歯を拭く。潤滑油を吹き付けるだけだと垂れてしまい、歯の間に完全に潤滑油が付かない。

鋸の刃渡り（歯のある部分の長さ）は各校まちまちだが、教科書に両刃鋸が採用されているため、210㎜～300㎜を購入している学校が多い。しかし、児童にとっては両刃で、しかも長く、怖く感じる児童もいる。そこで短めの片刃鋸も揃え、指導に手間取っても児童に選択させることが望ましい。

各校で困っているのは鋸の収納である。段ボール箱が多く、テープで補修した角は裂けて、運搬時に鋸がこぼれ落ちそう。

木製箱使用もあるが重くなる。やはり蓋のできる、長いプラスティック容器2つに20本ずつ程入れるのが理想的だ。

使えない鋸が入っていることがあると、探す手間がかかるのできちんと除外しておく。

収納位置は戸棚のゴールデンゾーンが望ましく、安全な出し入れを第一にしたい。鋸の交換時期は、管理状態にもよるが新しいものと切れ味を比べ、歯が揃っていて反りがなくても、切れにくいものは使用しない。

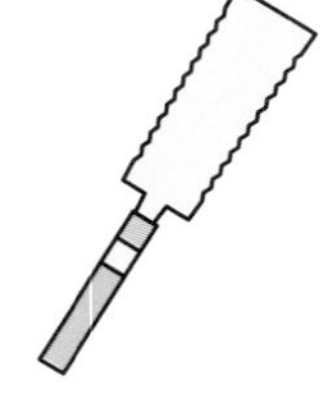

第2章
片づけるって
どうすること？

2-1

整理・整頓・収納・片づけ・掃除とは？

〉〉似ているけれどそれぞれの意味は違う

「片づけ」と一口に言っていますが、それと同じような言葉「整理」「整頓」「収納」「掃除」など、実は少しずつ違う意味を持っています。いろいろな解釈の仕方もあるようですが、ここでは次のように考えます。

「整理」…要・不要を分け、不要なモノを取り除くこと。
「整頓」…乱れているモノを整えること。
「収納」…使うモノを使いやすくしまうこと。
「片づけ」…本来は使ったモノを元に戻すこと。
ここでは「整理・整頓・収納」をまとめて片づけとして使っています。
「掃除」…汚れを取り除いてきれいにすること。

これを図式化すると、左のようになります。

〉〉「整理・整頓」だけでは済まなくなった

昔から「整理・整頓」とよく言われ、テレビドラマや映画で、いろいろな所に「整理・整頓」と書かれた紙が貼られていたり、今でも教室や職員室に目標として貼ってあったり。

モノが少なかった時代はそれでよかったのですが、現代ではモノの種類や数が増え、替えのモノやストックを「収納」しておく必要が生まれました。

その「収納」も収納場所や収納用品の容量に見合うモノの量ならば問題はないのですが、容量オーバーが原因で片づかない問題が発生しています。

それは一般家庭だけではなく、オフィスや店舗、そして学校でも同じ問題が起きています。「片づけ」としっかり向き合い、その場しのぎでない本当の「片づけ」を理解し、取り組んでいきましょう。

片づけのイメージ

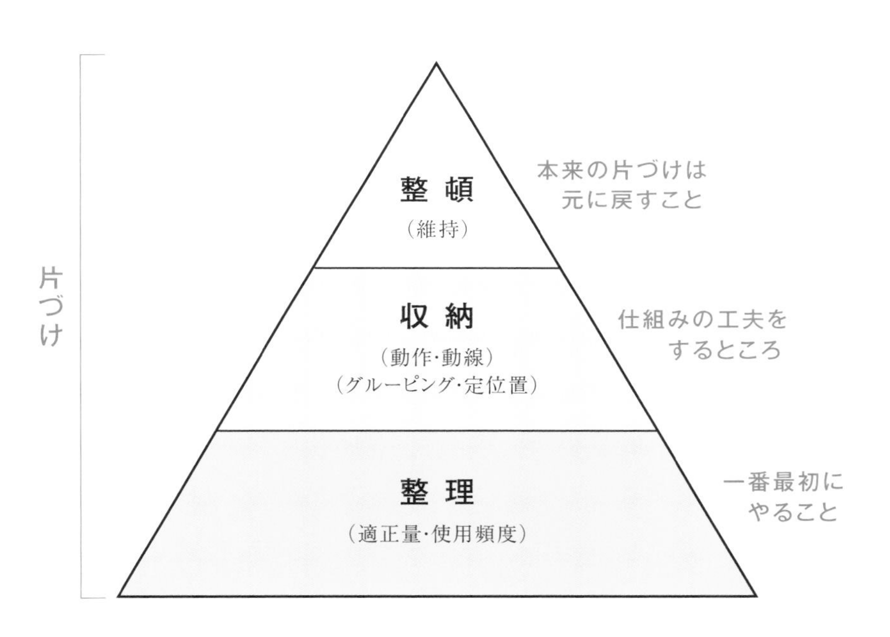

整理をしっかりやって使うモノだけにすれば、
収納、整頓はとても楽になります。

POINT 整理ができれば片づけは半分終わったようなもの

2-2 「片づけ」の捉え方は人によって違う

〉〉〉「片づける」とはどうすること？

「書類を片づける」という場合、あなたはどうしますか？
①ファイルに綴じて、ファイルを元の場所にしまう。
②要・不要を考えて不要なら処分する。
③どこか適当な場所に置いておく（積み重ねる）。

〉〉〉「片づけ」という意味を共通理解する

人によって「片づけ」という意味の捉え方は様々です。実は、①は収納、②は整理、③整頓とも言えるかな？……というところ。

それで、「片づけ」という言葉を使う時は、何をどうすることなのか、職場の全員で共通理解することが必要です。

机の上にバラバラになっている書類を1ヶ所にまとめれば、片づいたと思う人は多いのではないでしょうか？

〉〉〉児童・生徒には具体的に

児童・生徒に「片づけて」と言う時も、できるだけ何をどうすることか、具体的に言ってあげましょう。

例えば図書室で「本を片づけて」と言う時は「本を元の場所に戻して」と具体的にします。乱れている本を整える時は「倒れていたり横になっていたりする本を直して（立てて）」や「整頓して」と言います。

もうボロボロになった本を取り除く「整理」も「片づけ」なのですから。

〉〉〉大人が理解して、児童・生徒に伝える

児童・生徒を指導する先生方が正しい意味を理解して、伝えていってください。日常の学校生活の中で意識して言葉を使ってみてください。

「片づけ」の大切さを教える学校です。また、「片づけ」は次に使う人への思いやりです。大人が手本になるよう、さあ、本当の「片づけ」を始めましょう。

片づけるとはどういう意味?

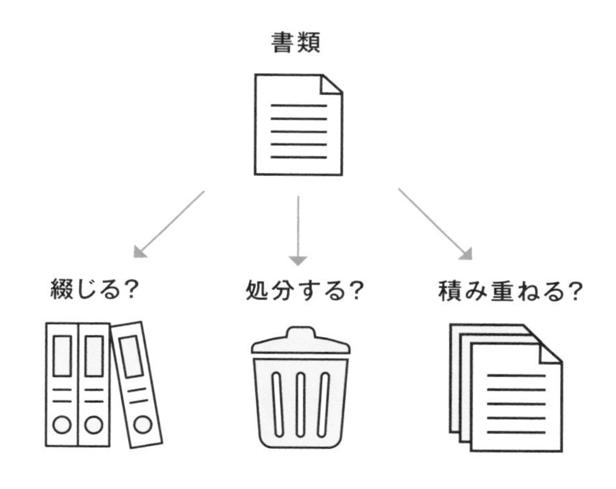

児童・生徒に片づけを頼むときは

POINT 子どもに片づけを頼むときは具体的に伝える

2-3

「片づけ」で作る時間のゆとり

〉〉〉探す時間は無駄な時間

まず、「整理」をして不要なモノがなくなると、使いたいものがすぐに探せるので、無駄な時間が減ります。また、モノの出し入れにかかる時間も減らせます。

1人が1日たった1分の探し物をしたとしても、1年間では365分、約6時間になります。これは、映画を3本観られる時間だと私はいつも伝えています。児童・生徒と同じ映画を観て、話題を共有できたらいいなって思います。

もし、1日10分探し物をしたら、1年間で60時間。「忙しい」と言う人ほど、探し物をしていませんか？

〉〉〉職場全体の時間のロスは大きい

1人1日たった1分の無駄な時間だとしても、これが例えば30人の職場では、1年間に6時間×30人＝180時間の無駄が生まれてしまいます。

忙しい、忙しいという職場こそ、先に片づけて時間の無駄を取り除くことが必要です。それだけで忙しさが解消するとは言えませんが、小さな無駄を減らすことで、大きな無駄にならないようにしたいもの。

誰しも1日は24時間。自分の時間だけでなく、同僚の時間を奪わないためにも片づけることは必須です。

〉〉〉時間のゆとりを作る「片づけ」

モノを取りに行ったり、作業しに行ったりする動線を短くすることによっても、時間の短縮ができます。つまり、時間のゆとりができるわけです。

また、たくさんの人がいる職場では、人がスムーズに動けるようにすることでの時間の短縮も図れます。

モノの出し入れをするためのアクション。このアクションの数を減らし、出し入れしやすくすることも時短です。

モノを使いやすくするために配置を変えることも、「片づけ」です。それについては第7章で詳しく述べています。

探す時間、積もり積もると

探し物をする時間が1日1分でも
1分 × 30日 ＝ 30分
30分 × 12か月 ＝ 約6時間

6時間あれば映画が３本観られます。
1日10分探し物をすれば、
１年間で60時間。
2泊3日の旅行ができます。

これを職場全体で考えてみましょう。

6時間 × 職場の人数 ＝ ○時間

○時間は損失の時間です。

POINT	チリも積もれば多大な時間に

2-4

「片づけ」で作るお金と心のゆとり

〉〉〉お金のゆとりを作る「片づけ」

ないと思って買ったら、「こんなところにあった！」という経験は誰でも持っているのではないでしょうか？二重買い、三重買いを防ぐのも「片づけ」の効果です。そうすれば、無駄使いがなくなり、お金のゆとりが生まれます。学校の限られた予算の中で、いかに必要なモノを効率よく買うかということは、いつも在庫をしっかり管理していることに繋がります。

また、モノを大事に使うことで、無駄な予算を使わないで済みます。失くす、壊す、使用法を間違うことなどで発生するお金の無駄も減らしたいものです。

〉〉〉モノの好循環でお金のゆとりを作る

購入と消費の見通しを持って、予算を上手く使いたいもの。そして、頭を悩ます学年末の大量返却。使ったら戻すことがいつでもできるように、こんな返却箱（左ページ写真）を作ったら……使い終わったホワイトボードマーカーが戻るようになりました。さらに、使い終わったモノをどんどん返却できるので、教室にはいつも使えるモノだけがあるので、先生方もすぐに使えて時間のゆとりにも。

また、予算で買ったモノは使うために買ったのですから、ちゃんと使いたいもの。しまったままにせず、教育活動で有効に使いたいものです。

〉〉〉心のゆとりができる

探し物をすると時間に追われ、イライラします。また、ギリギリの予算とにらめっこすることは事務職員のストレスに。また、探し物は自分だけでなく、職場の他の人の大事な時間を奪い、ストレスを与えてしまうことにもなります。

このストレスを「片づけ」で減らすことができれば、教職員の心にもゆとりが生まれます。プチストレスも積もり積もれば大きなストレスになります。それを解消してゆとりのある心で、児童・生徒に接したいものです。

お金と心にもゆとりが欲しい

「お帰り」と使い終わったペンをいつでも回収します。インクを補充して、お金のゆとりに。

学年末には新品と混ざらないようにして、再利用してもらうためのお帰りボックスを。

心のゆとり

時間のゆとり

お金のゆとり

POINT　心のゆとりはみんなの笑顔を作る

2-5 「片づけ」の一番の目的は安全

》》片づけの一番目指すところは安全

上から落ちてこない、床で躓かないなど、片づけで安全な環境にしていくことがとても大事です。それは、「片づけ」の一番目指すところです。

》》棚の上に棚はあらず

いろいろな学校でいつも目にするのは棚の上にたくさんのモノが置かれている風景です。その棚は高さが180cmのものがほとんどです。ということは、大体頭の高さより上になります。座っている場合にはなおさらです。

そこに置かれているモノは、軽いモノだけでなく、重くて固いモノも。棚は固定されて倒れないようになっていても、上に乗っているモノは、揺れによって落ちるだけでなく飛んでくるとも言われます。

不要なモノを取り除くことでスペースを作り、棚の上にモノを置かないようにすることをまずやっていきます。

》》狭い通路をさらに狭くしているモノ

「片づけ」を依頼された学校で、書棚の横から飛び出している脚立の脚がありました。狭い通路なので、これに足を引っかけないよう気を付けないといけないということでした。

では、この脚立、何ためにここにあるかというと、180cmの書棚のもっと上、天井まである棚の中のモノを出し入れするためでした。

さらに、この棚の中にあるモノを出し入れする頻度を聞くと、ほとんど使っていないということでした。それならばと、棚の中を空にして、この脚立の撤去となりました。

手の届く高さは身長×1.2と言われています。それより高い所は、脚立、踏み台が必要になります。そのために置いておくモノで躓いてケガをしたら、それこそ本末転倒。

安全にするための「片づけ」は必須です。

片づけは安全にすること

棚の上にモノがいっぱい。どこの学校でもよく見る景色です。

頭を直撃したら危険なモノだらけです。

上の棚のモノを取るための脚立に
足を引っかけそうで危険。

上の棚の中を空にして
脚立を撤去しました。

POINT　棚の上に棚はあらず

2-6 「片づけ」の順は、「出す」→「分ける」→「しまう」

〉〉〉「片づけ」には順番がある

さあ、ここまで読んで「片づけよう！」と思った方、むやみに始めてはいけません。片づけには順番があるのです。そして、いきなり広い場所から始めるのも難しいもの。手始めに事務机の引き出し辺りからやっていきましょう。

その順番は、「出す」→「分ける」→「しまう」です。どんな場所でも同じやり方です。

〉〉〉初めに「全部出す」

その第一歩は収納されているところから、モノを一旦全部出すことです。全部出すと、こんなにたくさんのモノが詰め込まれていたのだとビックリしますよ。

こうして、どれだけのモノが入っていたか、総量やモノの重複を確認します。

学校内では所有者が分からないモノ、古いモノ、使った形跡がないモノ、何に使うか分からないモノなど、いろいろ出てくるものです。

〉〉〉次に「分ける」

まずは要・不要で分けますが、そうすると全部要るモノになることも。なので、使っている・使っていないという事実で分けることをお勧めします。これだけでだいぶ量が減るでしょう。

〉〉〉さらに「分ける」

それを、さらに種類や使用頻度で分けていきます。同じ種類のモノ、よく使うモノ、同じ使用目的のモノ、などです。

〉〉〉最後に「しまう」

その収納はただしまうのではありません。ここからが工夫が必要になるところ。引き出しならばよく使うモノを手前にしまいます。使う時には引き出しを少し開ければOK。

片づけの順番

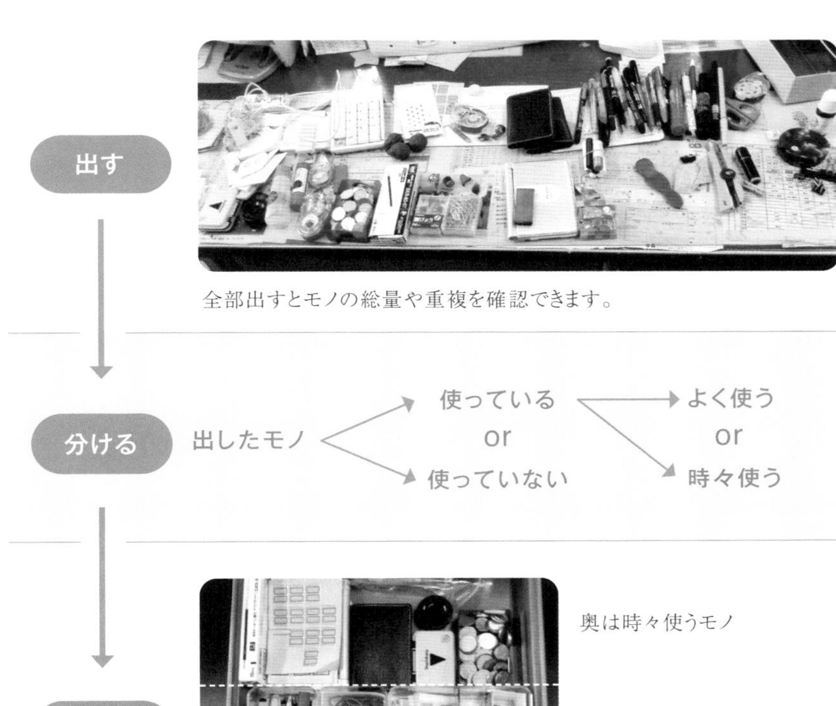

全部出すとモノの総量や重複を確認できます。

しまう

奥は時々使うモノ

手前はよく使うモノ

POINT 面倒でも全部出す方が片づけの近道

2-7

まずは「整理」しまう＝「収納」ではない

》「片づけ」の一番初めにすることは「整理」

「片づけ」の中で大事なことは「整理」です。不要なモノを取り除いただけで、「片づけ」の半分は終わったようなものと言われるくらいですから。

「整理」をすると、モノを「収納」する戸棚が必要なくなることもあります。スペースを狭くしている原因の不要なモノを見つけ、取り除いた後に収納を考えます。

》学校での「整理」が進まない訳

家庭と職場の違うところは、モノの持ち主がはっきりしていない、多数の人が使う、自分で買ったものではない、などということです。特に公費で買っているので、所有しているという意識は低いのではないでしょうか？

また、教職員の異動も多く、購入した時の人は何年かすると異動してしまい、判断がしにくくなります。

》学校での「整理」の進め方

公費で買ったモノは耐用年数などがあるので、それに従います。また、新しい機種のモノを購入したら、古い機種のモノは不要になります。

備品台帳と照らし合わせて、廃棄できるものは学校から出してしまいます。他校と不要品交換ができるシステムがあれば利用してもよいです。

》「収納」はただしまうことにあらず

新しいモノを購入して、ちょうどよいスペースがあったからとそこにしまうことは、使いやすさとは違います。

押し入れと言いますが、押し入れる、押し込むのは収納とは言い難いのです。

目指すのは、「使うモノだけを、使うところに、使いやすくしまう」という「収納」。

そして、誰もが「どこに、何が、どれだけある」かが分かるようにすることを目指しましょう。

棚や箱にしまうこと
＝「収納」ではない

一見、片づいているように見えますが・・・・

棚や引き出しの前で
モノを探すことはないですか？

在庫管理は
楽ですか？

モノが乱れることは
ないですか？

モノの出し入れは
楽ですか？

POINT 目指すのは、探さない、乱れない、楽な収納

2-8

「片づけ」は教育環境を整備すること

3S、5Sとは？

生産現場や病院などでは3S、5Sと言って、「安全」「業務の効率化」「快適」のために組織的に取り組んでいるところがあります（ローマ字で書いた時の最初がみんなSになる）。

3S…「整理」「整頓」「清掃」
5S…「整理」「整頓」「清掃」「清潔」「しつけ（習慣）」

学校現場では「片づけ」と言う言葉は使っていますが、3Sや5Sに取り組んでいるという話はあまり聞きません。それは、生産性や効率性アップという考え方が児童・生徒の指導とそぐわないからかもしれません（私的意見）。また、時間の無駄という意識はあっても、先生方はお金の無駄という意識はあまりしていないのではないでしょうか？

けれど、「片づけ」は児童・生徒や学校で働く教職員の安全を守ることに繋がります。また、ブラック企業と言われている学校の業務を効率よくすることに繋がります。そして、1日の3分の1以上の時間を過ごす学校という職場が快適であるように、環境を整えることはとても大事なことなのです。

もっと大きな無駄を無くす

もし、片づけていないためにケガやトラブルが起きたとします。通院や治療、それによって人事の問題が起きれば、多大な時間をそれに費やすことになってしまいます。そのことによって精神的なダメージも受けます。問題が起きる前に、まずは片づけましょう。

児童・生徒の教育環境を整備する

単に「片づけ」というより、教育の環境を整備するという気持ちで取り組みたいものです。そこで育つ児童・生徒にとって気持ちのよい環境を作ってあげることはとても大事です。そこで働く教職員にとっても快適な環境を作ることは、言うまでもありません。

学校の教育環境を整備する

3Sや5Sの考え方

5S			3S
	「整理」	Seiri	3S
	「整頓」	Seiton	3S
	「清掃」	Seisou	3S
	「清潔」	Seiketu	
	「しつけ」（習慣）	Situke Shukan	

学校を誰にとっても安全で快適な環境にする

POINT 片づけ＝子どもの学びやすさ

2-9 最初に何から、どこから手を付ける？

〉〉〉年に一度は片づけデーを

とは言っても、なかなか取り組めない片づけ。ぜひ、年に一度は全員で、短時間でも片づけをする時間を作ります。

〉〉〉会議の前に1分間の片づけタイムを

自席で会議を行う時、初めに1分間、引き出しの中の片づけをします。1年間続けると、いつの間にか使いやすい引き出しになります。

〉〉〉片づけについて共通理解を持ってから

校内のいろいろな箇所を分担して片づけるということもやっているようですが、片づけ方は人によってまちまち。専門に使う場所や教科などで分担することもありますが、その前に「片づけ」について全員で研修をしてから取り組むことが望ましいです（第8章を参照）。

〉〉〉写真に撮ってみる

初めて訪問すると「何でこんな所にこんなモノが？」「これは使いにくいのでは？」と気付くことが多々あります。聞いてみると「気付きませんでした」と言う返事が返ってきます。

客観的に校内を見る簡単な方法は、写真に撮ること。そして、ビフォーアフターを比べてみるとよいでしょう。

〉〉〉簡単なところから始める

1年中忙しいという学校です。長期休みの前後に時間を取って片づけるだけでなく、日常的にも小さなところから始めていきましょう。

重要度、緊急度、難易度で考えてみます。緊急度、それも安全に関わるところはすぐに取りかからないといけません。次に、簡単でお金もかからず、すぐにできること、そして最後に重要だけど慎重に考えて行う所に取り組んでみましょう。

簡単にできることからスタート

年に一度は片づけデー
使いにくいところ、
改善したいところは?

月に一度は片づけタイム
机回りをスッキリ
リセットしよう

共通理解したので
まずは整理からだね。
使っていないモノは
ないかな?

仕組み作りは
できるところ
簡単なところから
やってみよう

POINT みんなでやれば 片づけが捗る

DIYアドバイザーから見た教育環境整備コラム ❷

切れないカッターは危険

カッターナイフを点検していると、歯の欠けはないが、試し切りをするとほとんど切れないカッターがある。歯先が錆たり、摩耗したりしているからだ。切れないカッターを使うと、切ろうとして力が入り、これがケガに繋がる。

先端を折って新しい歯先にすると、再びよく切れるようになる。これがカッターの優れているところだ。

考えているほど歯の持ちは長くないので、切れ味が悪くなったら面倒でも歯先を折って新しくすることが、安全上必要である。ペンチで折るようなことはせず、専用の歯交換器を工作台に1つは用意するようにしたい。

段ボールカッター、ハサミなどは長持ちするので、特別な整備の必要は無い。

また、左利き用のハサミだけは忘れずに購入する必要がある。

左利き用

右利き用

第3章

「分ける」仕組み作り

3-1 片づく仕組みを意識して作る

〉〉〉できなかったら、仕組みを工夫する

現職の頃、鉄棒ができない児童がいると、コツを教えたり補助板や補助ベルトを使って練習させたりしました。できなかったら、ただ「練習しなさい」と言うのでなく、道具を上手く使ってできるようにします。それと同じように、片づかない時、モノが乱れる時には仕組み、あるいは仕掛けが必要です。

〉〉〉人を責めずに仕組みを責めろ

これは有名なトヨタの片づけの中で言われている言葉です。片づけられないのは人ではなく、仕組みが悪い。だから、仕組みを変えるという発想です。上手くいかなかったらトライ&エラーで、また工夫をして変えていけばいいのです。児童・生徒への指導も、上手くいかなかったら先生方がいろいろ工夫してよい方法を考えるのと同じです。

〉〉〉仕組みを作る時に意識する5つのポイント

この5つをいつも意識することで、片づくようになります。

①適正量…モノの量をちょうどよい量にする。
②使用頻度…よく使う、時々使うなどで分ける。
③動作・動線…短い動線で、楽に出し入れできる。
④グルーピング…いっしょに使うモノはいっしょにする。
⑤定位置管理…ちゃんと戻り、整頓された状態が続く。

〉〉〉どこから始めるか?どんな仕組みを作るのか?

学校で片づけたいところは山ほどあると第1章で、片づけの効果については第2章で述べてきました。では、どこでどのような仕組みを作っていったらよいか。基本は「分ける」こと。「要る・要らない」「使っている・使っていない」も分けること。種類、場所、大きさなどなど、身の回りには分けるとよいことがいっぱいあります。

片づかないのは仕組みに問題がある

人を責めずに仕組みを改善

仕組みを作る時のポイント

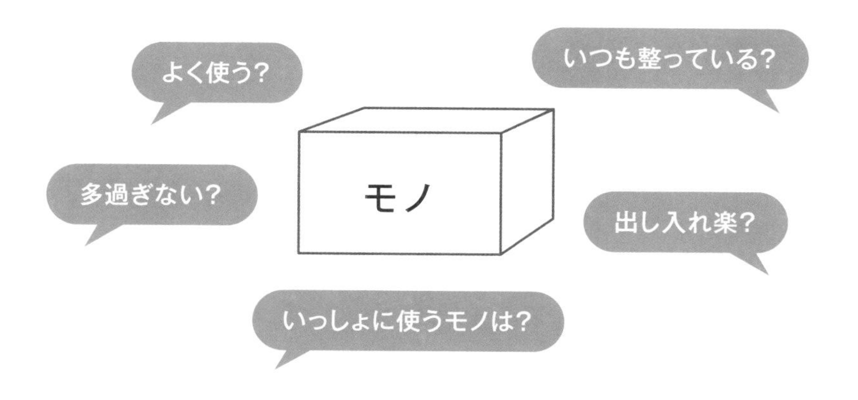

POINT 片づけは職場の人の潤滑油

3-2 クリップを大きさ別に分ける・まとめる（ゾーニング1）

〉〉〉ゾーニングとは？

モノがたくさんある時、それを分けたりまとめたりして、探しやすく分かりやすくします。それを場所で分けたり、まとめたりすることをゾーニングと言います。○○置き場、○○収納を作るというようなことです。

〉〉〉ゾーニングはできていても……

ある学校の事務室にある小引き出し。ゾーニングとしては目玉クリップ収納ゾーン。そのように引き出しにラベルが貼ってあれば、それはそれでOKです。

その引き出しを開けると、その中にはたくさんの目玉クリップが入っていましたが、全種類が混ざっていたのです。これを見た時、欲しい大きさのクリップをガチャガチャと探す様子が目に浮かびました。

これでは使う人にとっては探す時間の無駄、事務職員にとっては在庫管理の時間の無駄になってしまいます。

〉〉〉さらに大きさ別に分ける

そこで、目玉クリップを大きさ別に分けてみました。すぐにその場でできる方法として、牛乳パックを使って仕切りを作りました。予算がない場合や、収納用品を買う前のお試しでやってみるのによい方法です。

〉〉〉在庫管理も楽に

分けるだけで、どんな大きさのクリップがどれだけあるか一目瞭然です。欲しい大きさのものがすぐに取り出せますし在庫管理も効率的にできます。

他のモノも大きさや長さ別にするだけで、出しやすく、また戻しやすくなります。大小に分けるだけでも、格段に探しやすくなります。

あまり細かく分ける必要はないですが、発注する単位にしておくと事務職員にとっても楽になるでしょう。

大きさ別に分けるだけ

Before

目玉クリップゾーンにはなっていますが

After

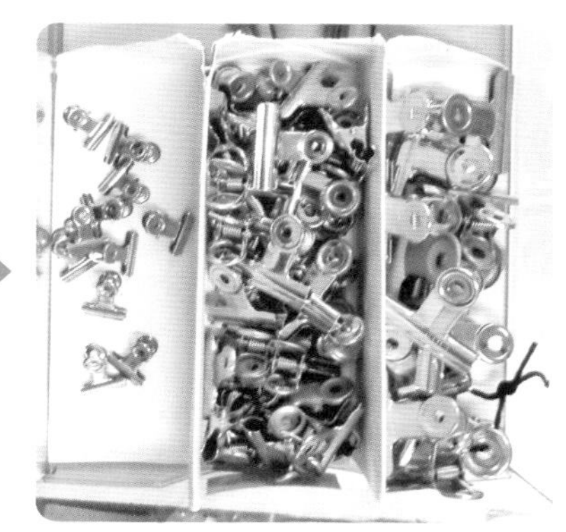

さらに大きさ別にゾーニングします

牛乳パックの仕切りの作り方

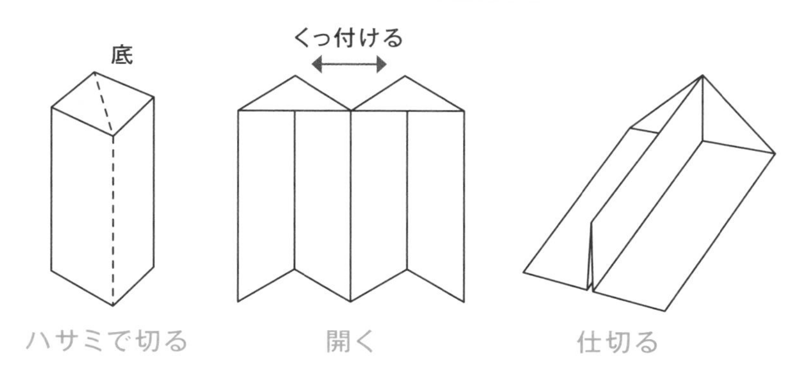

POINT　発注の単位で分けると在庫管理が楽、探すのも楽

3-3

鍵を校舎ごとに分ける・まとめる（ゾーニング2）

〉〉〉これじゃあわからん、鍵探し

第1章で出てきた鍵置き場を改善したM小学校の事例です。初めて見た時、「先生方はこれで鍵の場所が分かるの？」とビックリしました。形も色も、そして表示もバラバラ。誰がどの鍵を持っていってていったかなんて分かりません。しかも、マンモス校なので、鍵を使う人もたくさんいます。

鍵を探す時間、戻す場所を探す時間、戻ってこない鍵を見つける時間などなど、鍵を巡っての時間のムダが発生していました。

〉〉〉校舎ごとに3つに分ける

まずは校舎ごとに3つに分け、土台の板に3列フックを並べました。これでもう必要な鍵を全体から探すのでなく、校舎ごとに探せます。

〉〉〉キーホルダーを工夫する

以前、他校で見たキーホルダーがとても理想的だったので、それに倣ってキーホルダーを変更しました。

ポケットに入れても邪魔にならないホルダーの長さ、握りやすい太さを検討して、棒をカット。

さらに、キーホルダーのラベリングはフォントも大きさも揃えました。そして、校舎ごとに色分けをしています。汚れ防止に棒の上にフィルムも貼りました。

〉〉〉クラス札はすぐ隣に

誰が鍵を持っていったのかがすぐに分かるように、代わりに掛けるクラス札はすぐ隣に学年別になっています。これは最短の動線です。

これは穴あきボードとフックを使った、校長先生の手作りです。この鍵は児童も使うので、手が届く高さにしました。一目で分かる仕組みは、探す時間ゼロです。

場所別に分けるだけ

探しにくい
大きさ、表示がバラバラ
キーホルダーが小さい
など、いろいろ使い勝手が
悪いので、改善しました。

校舎別、学年別に分けるだけで探しやすく

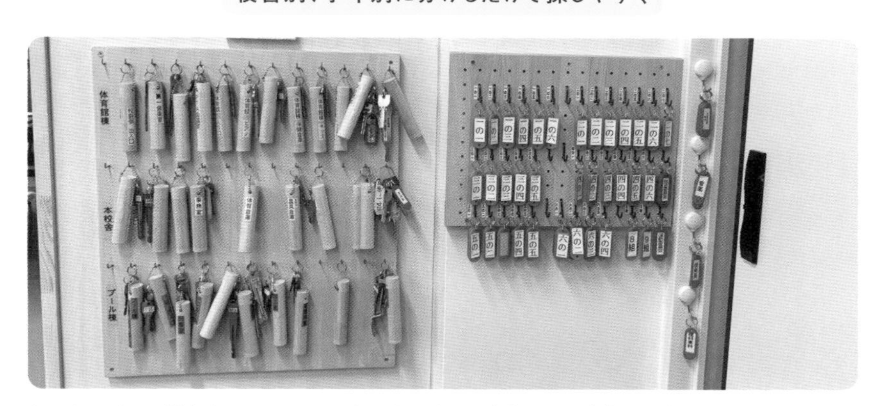

キーホルダーの長さは 13~14cm。ポケットに入れても忘れない大きさです。
鍵の場所にも表示が欲しいところ。

POINT 使用頻度の高いモノほど仕組みが必要

3-4

いっしょに使うモノをまとめる（グルーピング）

》グルーピングとは？

ある作業をする時に一緒に使うモノをまとめておくことをグルーピングといいます。鉛筆と消しゴム、スタンプとスタンプ台など、よく一緒に使うモノはまとめておくと便利です。必要なモノをあちこちから出してくるより、効率的で時短になります。

》お花紙と花子ちゃん

教員をしていた頃、お花紙でよく花を作りました。入学式や卒業式の看板の周りに付けたり、新入生を迎える教室に付けたり、行事の時にはよく作っていました。これを作る紙があの透けるように薄いお花紙です。お花紙を5枚ほど重ね、蛇腹に折っていき、最後に真ん中をホッチキスで留めます。それを一枚ずつ持ち上げて10枚の花弁にするのですが、蛇腹に折る時がちょっと大変で、子どもたちにもよく折ってもらったものです。

この蛇腹に折るところをたった1秒でやってしまう道具が五色鶴の花子ちゃん。初めて見た時は衝撃を受けたのを覚えています。花子ちゃんをお花紙といっしょにしておけば、すぐに使えて便利です。他では使わないモノですから。

》テープとハサミ

事務用品の収納でいつも話題に上がるのが巻き物、テープ類です。いつの間にかテープが無くなり、いつの間にか大量に戻ってくるというお悩みが事務職員から出ます。テープを1巻持っていかなくても、ちょっと欲しい、ほんの2～3メートル欲しい時、そこにハサミがあったら、ちょっと切って持って行けます。

しかし、ハサミを探すのは面倒くさい。だったら1巻持って行こうということになり、返ってこないテープに悩むことに。なので、テープとハサミをセットにしておけば問題解決です。ハサミを使う場所は意外と多いので、使うところにハサミの定位置を作り、無くならないような工夫をします。

グルーピング

お花紙と花子ちゃんをグルーピング

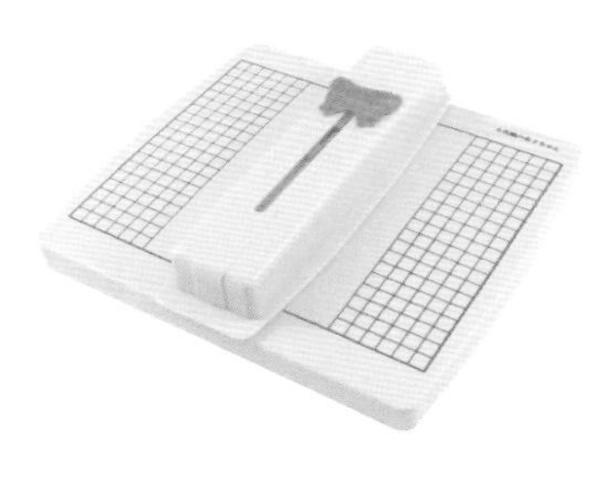

あっという間に紙を蛇腹に折る
五色鶴の花子ちゃん

ハサミが必要な場所は意外と多いです。使う場所に置いておくと、とても便利。

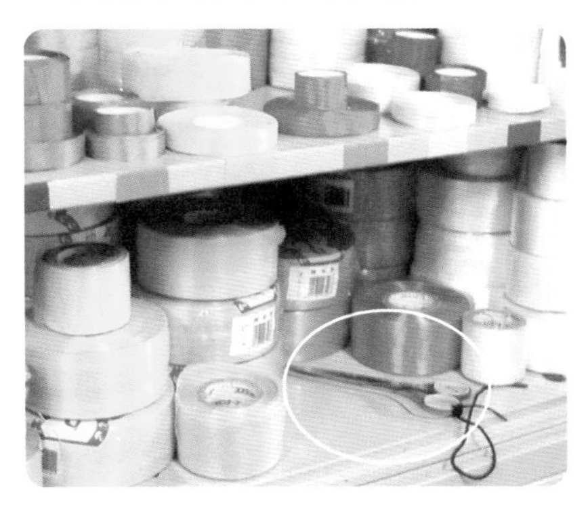

ハサミが歩き出さないように紐を付けました

テープとハサミをグルーピング

POINT いっしょに使うモノはいっしょにしておくと便利

3-5

図工室でのゾーニングの工夫

〉〉〉領域ごとのゾーニング

私が学校の片づけを始めたきっかけは、図工室（準備室）を片づけたことからです。

「どうしたら先生方が使いやすくなるか？」、「授業の時間を有効に使えるか？」、「授業で使う道具が乱れないようになるか？」と考えていた時、収納棚をしっかりとゾーニングすることだと気付きました。

図工の領域で考え、「描画」「版画」「木工」「工作（造形）」「粘土（陶芸）」その他などと分けることに。

例えば、描画に使うモノは絵の具や筆だけでなく、コンテやスパッタリング用の網、マーブリング用絵の具も描画というように考えていっしょにできます。こうすると、探しているモノがすぐに探せるようになり、戻すところも分かりやすくなりました。

〉〉〉平面と立体というゾーニング

さらに、「木工」と「工作（造形）」を立体、「描画」と「版画」を平面と考えて分けてみました。

というのも、版画と描画の境界が曖昧になってきて、版画の上に自由に絵を描くということもあるからです。また、絵の具も版画用絵の具を使ったり、普通の絵の具を使ったり、材料の自由さもあるからです。木工にしても作品にいろいろな飾りを付けることもあります。

なので、立体と平面というゾーニングをし、さらにその中を分けるという考えにするとさらに分かりやすくなるのではないでしょうか？

〉〉〉共通して使うモノ

主に授業で全般に使うモノをまとめたり、学校によっては刃物類をまとめたり、それはその他としてのグループにゾーニングしました。

「鑑賞」は準備室より図工室に置いた方が、みんなが見ることができるのではと、置く場所を変えています。

図工のカテゴリー分け

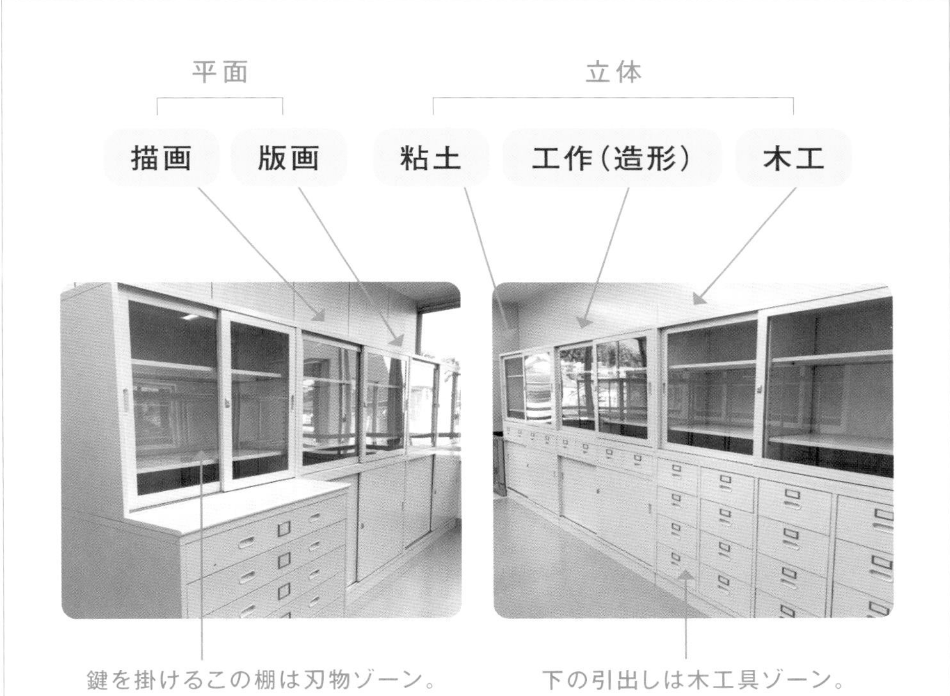

鍵を掛けるこの棚は刃物ゾーン。

下の引出しは木工具ゾーン。

新しい図工室は棚ごとのゾーニングを決めることから。
決められたゾーンの中に、その領域のモノだけを収納します。
既存の棚でも同じようにゾーニングします。

POINT モノの住所を決めるのはゾーニングから

3-6 家庭科室でのゾーニングの工夫

》「衣」「食」「住」でゾーニング

同じように家庭科室でもある程度のカテゴリー分けをしておくと分かりやすくなります。家庭科のカテゴリーは「衣」「食」「住」です。当たり前のように思う方もいるでしょうけれど、もう一度当てはめてみてください。意外と違うカテゴリーのモノが混ざっていることがあります。どこにも属さないモノは、その他というゾーンを作ってもよいでしょう。

》「食」のゾーニングの工夫

家庭科室で一番収納するモノが多いのは、「食」関連。ここ食ゾーンに優先してしまうモノは、使用頻度の高いモノ。全てを収納しきれない時は、あまり使わないモノを別のところに収納してもかまいません。調理器具や食器をグループごとにまとめるか、種類ごとにまとめるかの方法がありますが、どちらでも良いと思います。ただし、準備片づけの時の動線が交差しないように気を付けて、収納場所を決めていきます。

》引き違い戸は左右の端が使いやすい

家庭科の先生の言葉を聞いてビックリしました。それは、調理実習の時に戸棚の中の調理器具を出す際、引き戸を動かすと反対側の児童の頭を挟みそうになるということでした。ケガをしたら大変です。

そこで、よく使うモノは戸棚の両サイドに、真ん中の方には使用頻度の低いモノを置くことにしました。つまり、棚の真ん中から左右対称になるように調理器具を置くのです。

引き違い戸を真ん中に寄せておけば、大概のモノは出し入れできます。授業をしている先生の一言で気付いたことです。

このように○○ゾーンという枠を作って考えると、とても分かりやすくなります。

家庭科のカテゴリー分け

衣	食	住
裁縫 洗濯	調理器具・食器 雑貨・食品	掃除 住環境

衣・食・住に分け
これに入らないものは
その他に。

引き違い戸の棚の収納

左右が同じ配置だと例えば調理小物を取り出す場合、ガラス戸を右側に寄せないと左側の戸棚を使うグループは取り出せません。

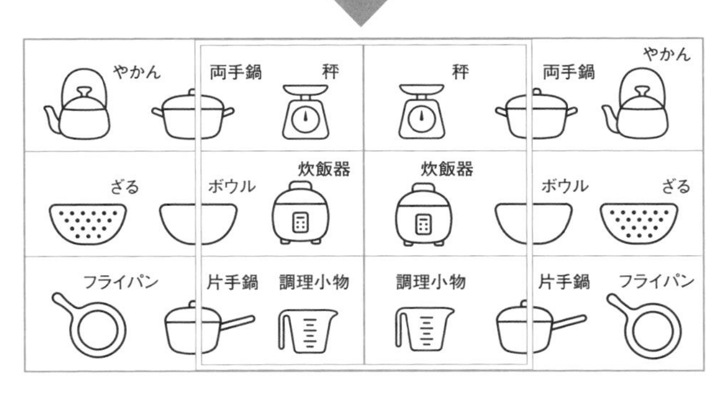

左右対称にして置き、中央に使用頻度の低いモノを置いて、ガラス戸を真ん中に寄せておけば、2つのグループは大概のモノは出し入れできます。

POINT 引き違い戸の棚は両端が使いやすい

DIYアドバイザーから見た教育環境整備コラム ❸

キャスター付きワゴンを図工室に

図工室整備をしていて気になることは、準備室から図工室までの道具の運搬である。１つ２つなら手持ちでよいが、種類・量が多いときは何度も往復することになる。準備や片づけは安全に、そして時間はできるだけ短くしたい。そこで移動の容易なキャスター付きワゴンをお勧めする。

整備に入った学校に古い木製棚があったが、新しい図工室にはスチール製戸棚が入り不要になった。この木製棚の引き出しを２つ、上下の間隔をあけて４本の角材で固定し、下にキャスターを付けた。２つの引き出しサイズが同じなので安定し、中に工具など危ないモノを入れたり、重いモノを乗せたりして運べる。このワゴンを２台作った学校から「助かっている、便利」とメールをいただいた。今まで以上に安全に、早く準備や片づけができる優れものである。

このワゴンは他教科でも活用でき、モノを運搬する時に便利だ。改めて購入できればよいが予算に余裕はない。校内の使われていない台などを工夫してキャスターを付け、活用したい。

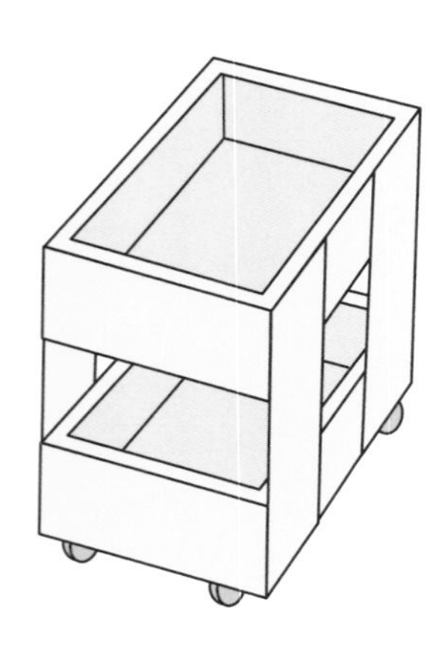

第4章

「色を使う」仕組み作り

4-1 分けたモノを色で表示する（カラーリング）

〉〉〉言葉・文字→絵・写真→色

あることを人に伝える時に、言葉や文字で伝えるより、絵や写真で伝える方がよく分かります。メールで絵文字を使うこともそうです。百聞は一見に如かず、ですね。

さらに色だけでも意味を人に伝えることができます。その最たるものが信号。これは世界共通の色で、赤は止まれ、緑は進め、その間の注意は黄色で、その並び方も世界共通です。

〉〉〉身の回りには色で伝えていることがたくさんある

気を付けて見て行くと、普段でも何気なく色分けされているところに目が止まります。例えばガソリンスタンドの給油ホースの色も、赤黄緑の3色です。災害の時のトリアージも色で表示しています。

間違うとキケンなことは、一目で意味が伝わるように文字と色で表示しています。「止まれ！」と書いた文字を見るより、赤い色だけで止まれということが伝わります。色の効果はとても大きいのです。

〉〉〉学校の中にあるモノの分類を色分けする

では、学校の中でも分類して色分けすることで分かりやすくなるのでは？　そう考えて、一番初めに片づけに取り組み出した図工室や事務室でゾーニングを色分けしたら、その効果の大きさにビックリしたのです。

このように分けて色を付けることを「カラーリング」と私は呼んでいます。が、何でもかんでも色分けをすると、何が何だかわからなくなってしまうので、種類を絞って色分けしています。

信号は世界共通ですが、そんな大それたことを考えているのではなく、学校、それも自治体くらいの単位で共通の色にしておけば、異動してもどの学校でも同じ色の認識で分かりやすいのではないかと考えています。

身の回りにある色分けされたモノ

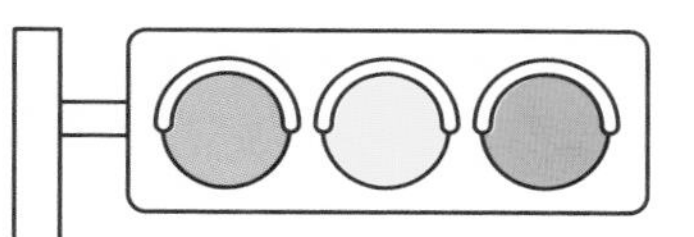

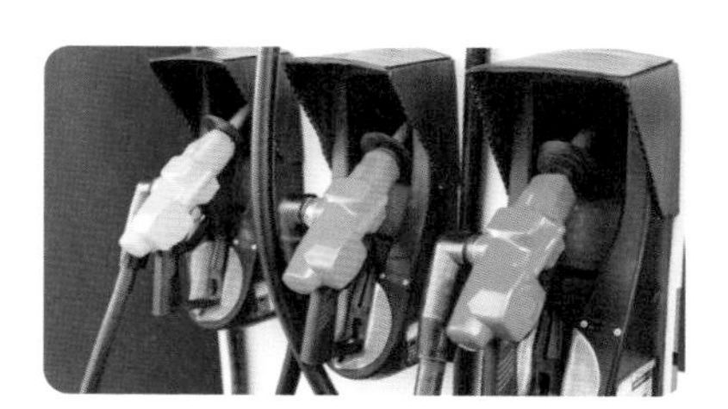

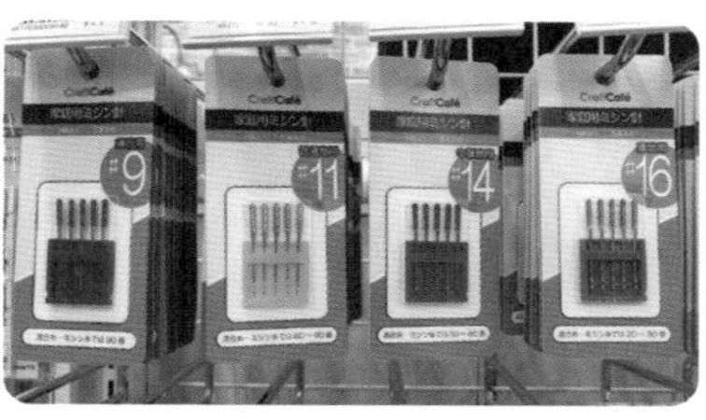

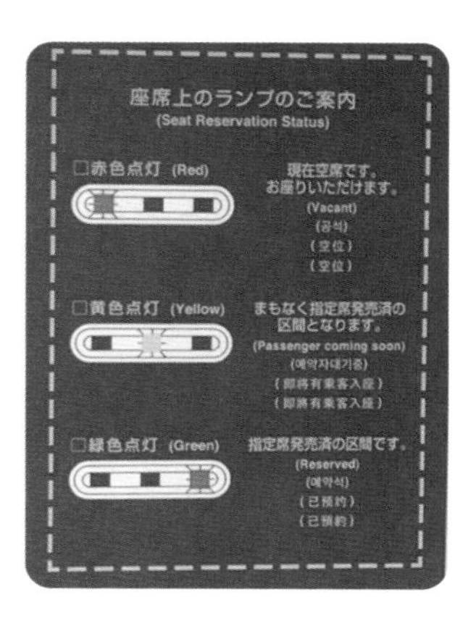

POINT	言葉より → 絵·写真より → 色で伝わる

4-2 図工室の領域を色分けする

〉〉〉領域ごとのゾーニングを色分けする

図工準備室では、どこの学校でも大体1つの領域で1つの棚（180cm×180cm）を使っているようです。ですので、この1つの棚を1色ずつ色分けするとよい感じです。色分けはイメージも合わせて、次のようにしました。

「描画」…赤（書くモノを赤にしたいので）
「木工」…緑（木のイメージ）
「工作」…ピンク（造形は楽しいイメージで）
「版画」…黄（この3色に合わせて選びました）

〉〉〉ゾーニングをカラーリングする

もう延べ30回ほど行ってきた図工室の片づけです。最近は始めるとすぐに棚ごとの領域を決め、カラーリングしてしまいます。その方が作業をする時に何をどこに移動するかがすぐに分かるからです。

この時使うのは養生テープです。以前はビニールテープを使いましたが、貼る時にテープが伸びやすく、また時間が経つとベタベタになるので止めました。

〉〉〉この4つが分かればOK

この他にも「粘土（陶芸）」があります。学校によっては土粘土や釉薬もたくさん出てきます。

この領域は色分けをしなくてもよいと考えています。それは、使用頻度が低いからです。主な4つだけが分かれば、後はその他として考えればよいでしょう。

準備室の入り口にも表示をして、どの色の棚に何があるかすぐに分かるようにしています。

〉〉〉棚の収納用品にもカラーリング

棚には道具を入れた箱やバスケットを収納します。その箱やバスケットにもカラーリングしておくと、何色の棚に戻すのかすぐにわかります。カラーテープに表示したり、シールを貼ったりでもよいです。

図工室のカラーリング

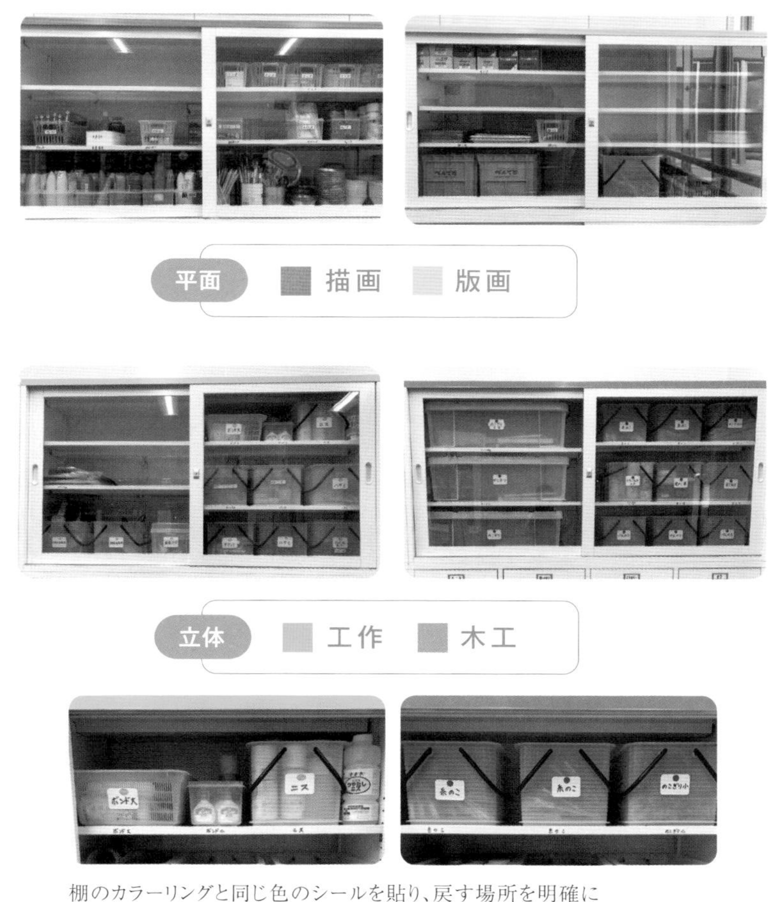

棚のカラーリングと同じ色のシールを貼り、戻す場所を明確に

POINT　色分けで準備と片づけの時短を図る

4-3

事務用品を色分けする

〉〉〉きれいに整頓されてはいるけれど……

勤めていた学校の事務室は、事務職員のおかげで棚がきれいに整頓され、事務用品は種類ごとに分けて、収納用品に入って棚に並べられていました。

けれど、棚の前で欲しいモノを探して、目をキョロキョロさせていたのは私だけ～？　場所をなかなか覚えられないのは私だけ～？　「中身が五十音順に並べてあったらなー」と思ったものです。

〉〉〉事務用品を分類する

片づけの仕事を始めて、分かりやすいモノの配置を考えるようになって気付いたのは、なるべく同じ仲間に分けること、似たモノをいっしょにすることでした。そうすれば探しやすい、と。

事務用品というカテゴリーをさらに分けていくと、まず書くモノと、糊などのくっつけるモノという分類ができました。さらに輪ゴムやクリップのようにいくつかのモノをまとめるモノ、切るモノなどの分類に。後はテープ、紐など巻き物という形態になりました。

使用頻度から考えると、書くモノ、くっつけるモノ、まとめるモノがほとんどのようです。

〉〉〉分類してゾーニングを色分けする

そこで、事務用品の大半を占める書くモノとくっつける・まとめるモノだけでもすぐに探せるようにすればよいと考え、書くモノを赤ゾーン、くっつける・まとめるモノを青ゾーンにしてみました。赤は「先生＝赤ペン」のイメージです。

すると、その時から「何をお探しですか？」と事務職員が声を掛けることがなくなったというではありませんか！　カテゴリーを分け、そのゾーンを色分けすることで実に分かりやすくなると確信できました。

さらにモノを戻す時も分かりやすくなり、学年末に大量の物品が戻ることが減ったということでした。

事務用品棚のカラーリング

左右でゾーニングができているのですが･･･

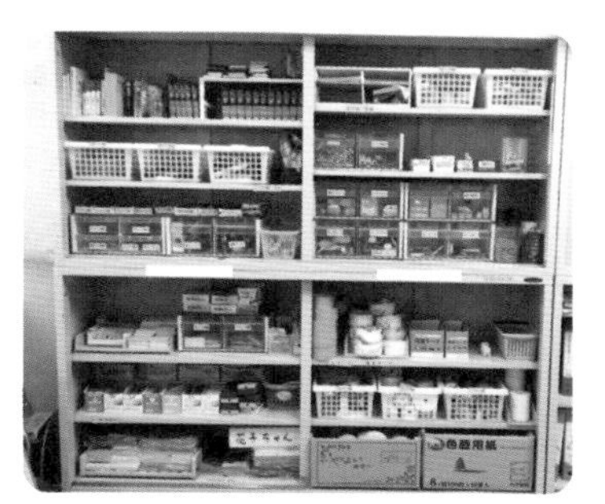

書くモノ

くっつけるモノ
まとめるモノ

POINT　目的のモノは赤ゾーンor青ゾーン

4-4

ゴミ箱を色分けする

分別の種類と色を揃えたい

ゴミ箱には何を捨てるのか分かる表示をしています。自治体によって、分け方が少し違うようですが、「燃えるゴミ」「燃えないゴミ」などという分け方では、文字の違いは「る」と「ない」の違いだけ。もっとパッと一目見て分かる方法を考えていました。

色で分別しているゴミ箱も売っているようですし、公共のゴミ箱が色分けされていることもあります。でも、みんなバラバラ、人や場所によって違うのです。

学校のゴミ箱の色分け

そこで、Y小学校の職員室のゴミ箱の色分けを提案しました。私がその時考えていたのは次の3つです。

「燃えるゴミ（一般ゴミ）」…赤（燃える火）
「紙ゴミ」…緑（紙は木から作る）
「プラゴミ」…黄（信号色にしたかった）

この3つがよく出るゴミでしたが、ここで言うプラは容器包装で、「プラスチック製品のゴミと分けたい」「間違いやすいのでプラゴミと隣り合わせにしないでほしい」と技術員さんから言われました。そこで、信号と同じに「緑」「黄」「赤」「白」の順に。色と文字での表示にしています。

色分けしたいと思っても、なかなか外部の人間が言うのも難しいところです。色が決まっていて、どこの学校に異動しても同じ仕組みだとしたら便利ではないでしょうか。

教室や特別教室のゴミ箱の色分け

そう意識していろいろなところでゴミ箱を観察すると、やはり「燃えるゴミ＝赤」になっていることが多いようです。さらにビン・缶・ペットボトル・金属……いろいろ細かく分別しなくてはならないのですが。児童にも分かるように3種類（燃えるゴミ、紙ゴミ、プラゴミ）だけでもと、できる範囲で色分けをしています。

ゴミ箱のカラーリング

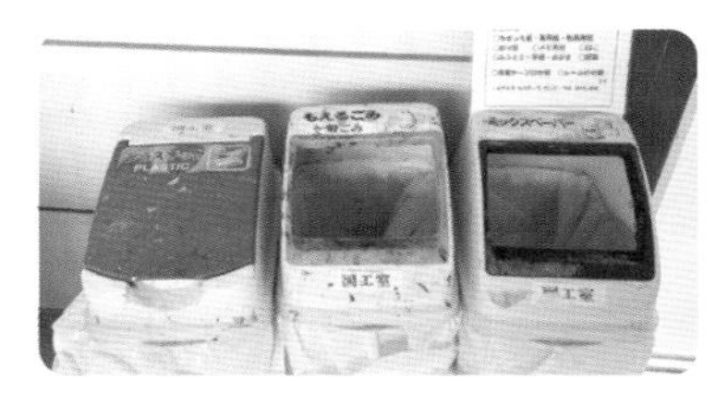

色に意味はあるのかな?

文字と絵で識別するゴミ箱

色分けすると…

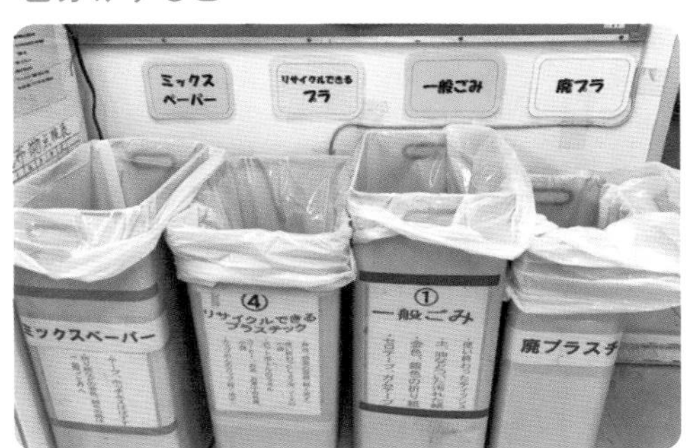

ビニールテープで色分け
緑…紙ゴミ
黄…プラ(容器包装)
赤…燃えるごみ

リサイクルできるプラと廃棄のプラが
隣り合わないようにした、
職員室のゴミ箱置き場

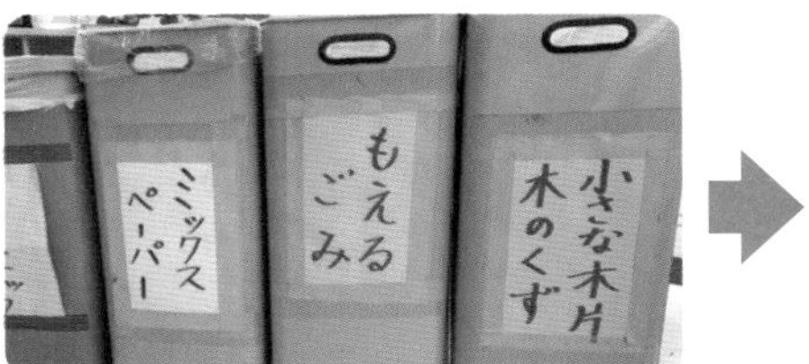

文字だけで判断している図工室のゴミ箱を、色でも判断できるようにした

POINT 色分けで分別の間違いを減らす

4-5 エコステーションでの分別を色分けする

〉〉〉ゴミ置き場からエコステーションに

ゴミのリサイクルが進められています。学校の中で出たゴミは何種類にも分別されて、リサイクルに出されます。

なので、ゴミを出すという意識でなく、分別してリサイクルをしていくという感覚を持ってほしい、エコの入り口であると考えてほしくて、S小学校ではエコステーションと名付けています。

〉〉〉ゴミの種類を色別にする

私がS小学校に行き始めた頃、まだまだ雑然とした、ゴミの分別場所でした。分かりにくい、出しにくい、雑然としている……などなど。ここは児童が主に使うところなので、分かりやすく安全で、いつもキレイにしておきたいところです。

そこで、技術員さんといっしょに冬休みに片づけました。いつものように不要なモノを取り除き、ゾーニングを考えて、並び替えをしました。特にモノを新しく買うこともなく、今まで使っていたモノを工夫して使いました。そして、最後に色分けです。

〉〉〉ゴミ袋を挟むクリップも色分け

小さなことですが、分別したゴミを入れる袋を留めるクリップも色を揃えてくれたのは、技術員の2人です。表示もクリップも同じ色（全く同じではないですが）にして、こういう小さなことも意識していくと、児童にも気づいてもらえるのではと期待しています。そして、こういう仕組みが教室でも展開できたらと思うのです。

例えば、教室にあるゴミ箱も色分けして、エコステーションの分別の色と揃えるというように。

S小学校の環境委員会の児童の活動で、ぜひ取り組んでほしいと願うところです。

エコステーションのカラーリング

ゴミ袋を留めている洗濯バサミも同じ色で

エコステーションと命名

委員会で作った表示も色分け

POINT エコの入り口、色分けで分別しやすく

4-6

テープ類は色を揃える

〉〉〉テープ類の収納

事務室でのお困り事でよく聞くのは、テープ類の収納についてです。テープ類は丸い形状をしています。立てて置けないので、横にして積み重ねたり、箱やバスケットに入れていたりしている学校が多いです。

ところが、使いかけのモノから使ってほしいのに、新品を使ってしまい、中途半端なモノばかりになって困るというのがお悩みです。

また、たくさんのテープが混ぜこぜになっていると、使いたい色を探すのもちょっと面倒です。

〉〉〉色別にまとめる

たくさんの色があるテープ類。まずは同じ色どうしをまとめます。

重ねる時は上の方は残量が少ないモノにして、それを先に使うようにします。

色をそろえるだけでも、事務職員にとっては在庫量がすぐに分かるというメリットもあります。

〉〉〉虹の色は分かりやすい

さらに、これを虹の色に並べます。

虹の色は7色（6色だという国もあるようですが）です。この7色の並べ方を覚えるのに、私たちは「赤、橙、黄、緑、青、藍、紫」（せき、とう、おう、りょく、せい、あい、し）と唱えます。

これを例えばテープやシールなど、同じ種類で色がたくさんあるモノを並べる時に、この並びにします。すると、とてもきれいに見えるようになるのです。

白と黒がある時は両サイドか片側にまとめて置いてもよいでしょう。

並べ方１つでこんなに変わる!

並び方を変えただけで
在庫管理も楽に

探しやすく
戻しやすい表示

POINT 虹色に並べるだけで、探しやすく戻しやすくなる

4-7

同じ種類で多色のモノは虹色に並べる

〉〉〉虹の色は美しい

空にかかる虹の橋を見て、美しいと思わない人はいないでしょう。そう思う理由の1つは色のグラデーションではないでしょうか？

赤からオレンジ、オレンジから黄色、黄色から緑と色が少しずつ変化していく様は美しいと感じることです。ならば、このグラデーションを収納にも取り入れたいと、たくさんの色があるモノをこの虹のように並べていきます。

〉〉〉虹の色は乱したくない

このようにきれいに並んでいると、ここに別の種類の色を入れたくないと思いませんか？　きれいな虹色の並びを崩したくないと思いませんか？

仕組みを作ると、乱したくないという感情が湧き、それを維持しようと思うのではないでしょうか？

そして、どこの学校でも同じ並びだったら、もっと分かりやすくなります。

〉〉〉種類が違っても同じ色の並びに

この学校のテープ類はワイヤーネットに取り付けたフックに掛けています。これはハンギング収納と言い、最近取り入れている学校も増えているようです。

シールやテープ類はたくさんの色がありますが、種類が違ってもみんなこの並びにそろえています。

テープ類を色で選んでも、素材で選んでも、どちらも選びやすくなります。選ぶときにどれにしようかとあちこちに目が泳ぎません。何色がないかということも、すぐに分かります。戻すときも同じところに戻しやすくなるので、整った状態をキープできます。

種類は違っても色の並びは同じに

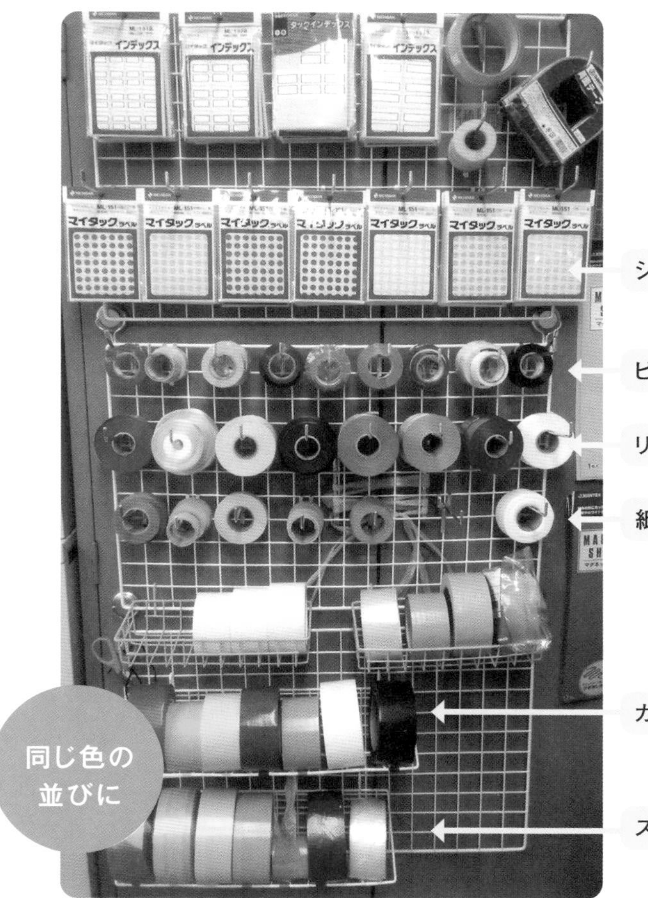

POINT 配列を揃えたら、色でも種類でも選びやすい

虹色に並べただけでこんなに美しく

POINT　決められた配列は乱したくないと思う

第5章

「見える化する」仕組み作り

5-1

段ボール箱を見える化する

〉〉〉段ボール箱は中が見えない

学校では段ボール箱を多用しています。わざわざ他の収納用品に入れ替えなくても、そのまま使えて楽ちんです。表示は中身と同じ時は、使っていてもそんなに問題はありませんが、中身と箱の表示が違う場合、中が見えないのでしっかり表示をしないと分かりにくいもの。また、中の量が分からないので、在庫切れになっても気が付きません。

〉〉〉段ボール箱は傷む

さらに、長いこと使っていて、角がつぶれていたり擦り減っていたり、中にはひしゃげていたり切れていたり。こんな段ボールを使っていると、テンションも下がります。

〉〉〉段ボール箱はサイズがバラバラ

無料だから、手軽だからと使っている段ボール箱ですが、いろいろな大きさがあってバラバラなことも多いです。特に棚の上などに並べられている不ぞろいな箱たちは、雑然感を醸し出しています。

最近では印刷用紙の入っているきれいな段ボール箱もあります。調度よいサイズを見つけて、きちんと並べる、表示を揃えるなどして、雑然感をなくしたいものです。

〉〉〉段ボール箱を見える化する

蓋の部分を折り込むか切り落とすかして、中がすぐに見えるようにします。棚に置く時は上に少し空間を持たせ、中が見えるようにします。

入っているモノの名は箱にペンで書かないで、すぐ分かるようにラベルを貼ります。

身近にある使いやすい収納用品ですが、そのままでなく工夫をして使いたいものです。

つい使ってしまう
段ボール箱ですが……

これは早く何とかしないと大変!

雑然と並んでいる箱の中身は何でしょうか?

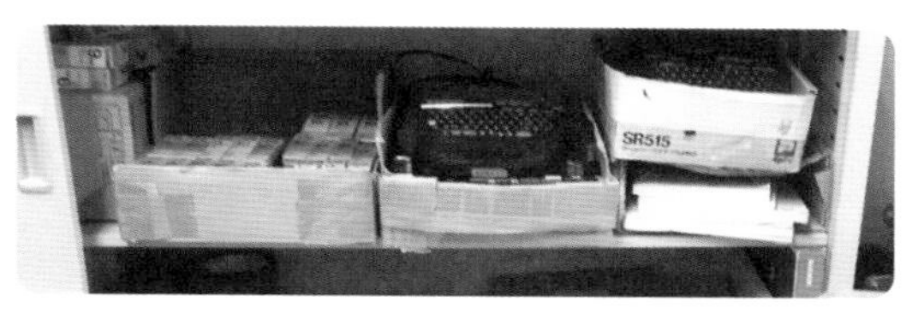

中身は分かりますが、ちょっとテンションが下がる状態です。

棚板の間隔を空け、見えるようにする。

中が見えないので、ラベリングは必須。

ラベルはありますが、在庫量が不明。

透明なので在庫量は一目瞭然。

POINT 段ボール箱は中身の見える化を工夫する

5-2 透明、半透明の収納用品を使う

>>> バスケットは意外と中が見えない

収納用品として多用されているのがバスケットです。メリットは、軽くて色もサイズも豊富、100円ショップでも様々なモノが揃っていて簡単に手に入れられます。けれど、棚に並べて正面から見ると、意外と中が見えないものです。もちろんラベルは必ず貼ります。けれど、読まないと中に何が入っているかわかりません。

物品を管理する事務職員にとっても、知らない間に在庫切れになっていたということも起こります。

これを防ぐには、棚の間隔を空け、バスケットの中を上からも見えるようにすることです。または、前面が低いモノを使うようにします。

>>> 並べると隙間ができる

専門用語ではテーパーがあると言いますが、バスケットは重ねた時の収納性がよいように、下の方で少しすぼんでいます。そのため、並べると下の方にすき間ができてしまうのです。その隙間がもったいない。

テーパーは並べたバスケットによって大きい小さいがあり、大きいとその分収納量が減ってしまいます。

また、垂直にモノを置いた時、上の方に空きができるので、立てたモノがグラグラして倒れやすくなります。

>>> 透明、半透明の収納用品で見える化

透明、半透明の収納用品は一目で中身が分かります。ラベルが書いてあっても、それを読む前に中身が一目で見える方がすぐに分かり、ずっと楽です。

また、在庫管理をする事務職員も、何がどれだけ入っているか、ちょっと見るだけでも確認できます。

これも100円ショップで手軽に買えます。また、キッチン、冷蔵庫用にも透明な収納用品が出ています。もっとお手軽にペットボトルでも代用できるので、買う前のお試しでやってみるのもよいでしょう（126ページコラム⑦参照）。

バスケットと透明・半透明のボックス

or

中身が分かりやすいのはどっち?

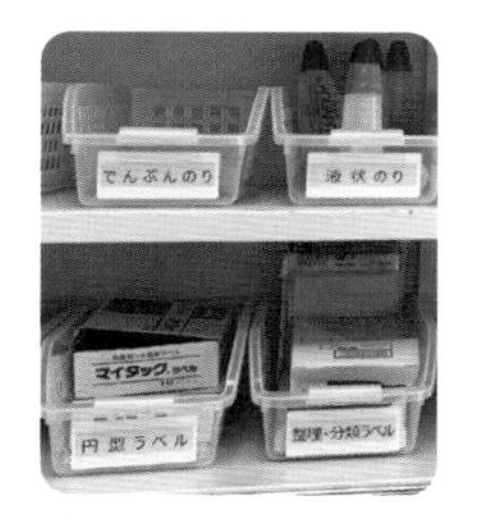

前側が低いものは
中が見やすい。

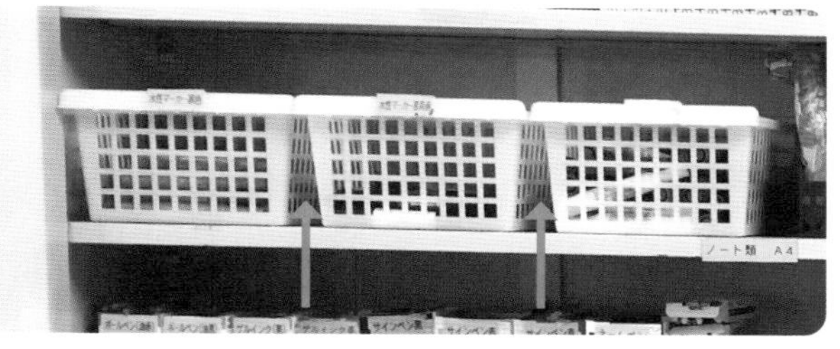

テーパーがあるので隙間ができてしまうバスケットは
意外と中がよく見えないものも。

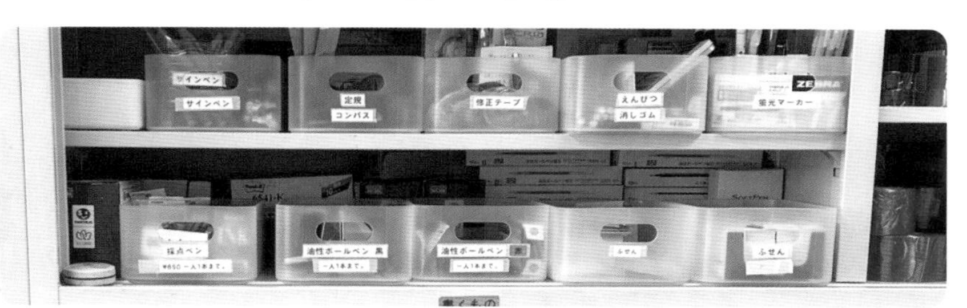

垂直のボックスはテーパーがないので、並べた時のすき間がない。

POINT テーパーに気を付けて収納用品選びを

5-3 見える化の基本はラベリング

〉〉〉中身がはっきり分かる分類名で

収納用品や引き出しには、必ずラベルを貼るようにします。家庭と違ってたくさんの人が使う学校です。しかも、中身がすぐに分かる表示にすることが大切です。中には曖昧なモノがあると、そこで考えてしまい、結局中を開けることになります。

ラベルを貼ることで探しやすくなるだけでなく、使ったモノを元に戻すにも有効です。そして、1種類1引き出し（一箱）にして分かりやすく。

〉〉〉文字→イラスト→実物

文字の代わりにイラスト、イラストの代わりに写真を撮って貼るという方法もあります。クリップなどの大きさを、大・中・小などと文字で書いてあることがありますが、この大きさは複数のモノを比較した時のこと。ハッキリわかるサイズを実物で表示する方が、一目瞭然です。ラベリングをするときは、文字よりもイラスト、イラストよりも実物が分かりやすいものです。

〉〉〉ラベリングの功罪

昔は紙製のラベルシールにペンで書いて貼っていましたが、最近はラベルライターを使い、手軽にテープに印字して貼ることが多いです。

ところが、このシールやテープを剥がしたい時、上手く剥がれず汚くなってしまうのが悩みです。中身が変わった時に剥がさず、その上にまたラベルを貼ることも。その解決法は110ページのコラム⑥を見てください。

〉〉〉文字を統一できたら

せっかくラベリングしても、文字の大きさ、種類などがまちまちでバラバラです。統一感のあるラベリングだとスッキリするのにといつも思うのですが……。

ラベルの付け方にはコツがある

①中身が分かる表示にする
②1引き出しに1種類
③文字は見やすい大きさにする
④できれば文字の大きさ、
　種類をそろえる
⑤前のラベルを剥がしてから、
　新しいラベルを貼る
（古いラベルの剥がし方は
　110ページを参照）

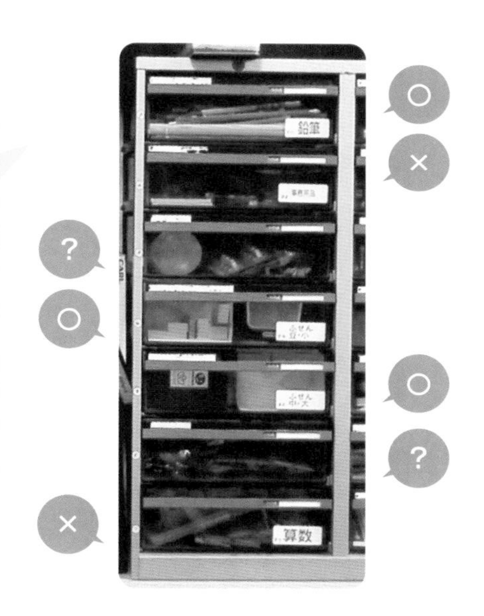

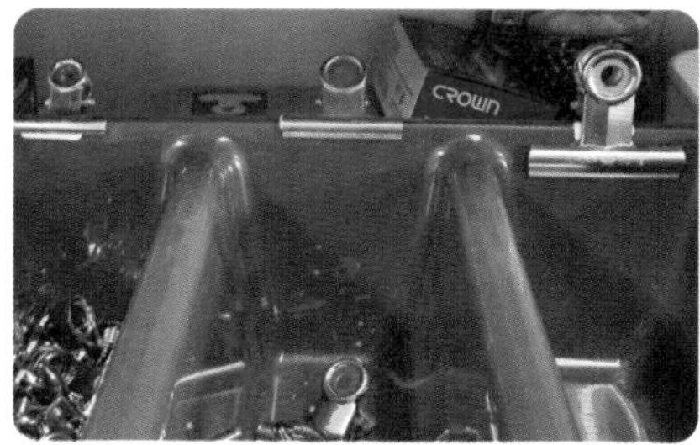

大・中・小を実物で表示すると一目瞭然

POINT　中身がはっきり分かるラベルで時短

5-4

いつでもラベルが見える状態にする

〉〉箱やバスケットの下にもラベルを貼る

新しくラベルを作って貼るのは面倒ですが、一手間かけて、同じラベルを箱やバスケットの下にも貼っておきます。

こうすると箱やバスケットを取り出した後も、ちゃんと元に戻るという仕組みで、後々とても楽になります。

棚の前側に貼ることもありますが、これだと棚の上を指しているのか、下を指しているのか分からない時がありますので、棚の上面に貼っておくようにします。

〉〉箱やバスケットの前後にも貼る

箱やバスケットを棚から取り出した後、前後を逆にして戻してしまうことがあります。

そんな場合でもラベルが見えるように、箱やバスケットの前後にもラベルを貼っておきます。

ラベルが見えてないからと、また棚から箱やバスケットを取り出し、向きを変えて入れ直すという手間を省くことができ、いつでもラベルが見える状態を維持できます。

〉〉文字と色でラベリング

カラーリングした棚の色とラベルの色を合わせて、戻す場所を分かりやすくすると、片づけも効率的です。

〉〉引き出しの中にも貼る

モノを引き出しの中から取り出し、また戻す時のことを考えてみます。全部取り出した場合、元に戻した時に違う場所に戻してしまうことがあります。

全部引き出しに戻るのならば、それでもいいのですが、そこに表示があれば、すぐに何が戻っていないかが分かります。

ちょっとしたことですが、多数の人が使う学校なので、このちょっとした表示が後でゆとりを作ってくれます。

箱の前後にも、箱の下にも、引き出しの中にもラベリング

木工は緑なので、ラベルも養生テープの緑を使用。箱の後ろ側にも、定位置にもラベルを付けています。

戻す場所がすぐに分かるように引出しの中にも標示

POINT ひと手間のラベリングで定位置キープ

5-5 見えるところに置くという見える化

「落とし物コーナーが児童・生徒にとって見やすい場所はどこか?」を考えて工夫した、見える化の事例です。

〉〉〉落とし物コーナーの棚の工夫(T小学校)

写真上は職員室の前の広いホール、その奥にある家庭科室の前が落とし物コーナーでした。家庭科室は高学年しか使いません。

この学校の教具室(半分物置)に行った時に、使われていない図書室の書架、それも円の四半分のものを2つ見つけました。これを使わないのはもったいない。

そこで、ホールと職員室前の廊下の境になるように棚を半円に並べて置き、そこに落とし物を並べました。すると、まるでお店屋さんのようです。

〉〉〉落とし物コーナーを見やすいところに(S小学校)

この学校の落とし物コーナーは昇降口の先、いつも閉まっている非常ドアの後ろ側でした。配膳台の上に置かれた箱の中に落とし物が入っています。これは昇降口からは扉の陰で見えません。

倉庫を片づけた時、パーテーションのフレームがあったのを思い出しました。このフレームを洋服掛けにしようと考えました。

そこで、このフレームに落とし物の服を掛け、その下に他の落とし物を置いて、場所を移動します。

今まで死角になっていた所から移動。そこは昇降口から真正面になるところです(写真下)。エコステーションの隣でもあるので、ゴミ捨てに来る子どもたちの目にも止まります。

その後、落とし物が減った(落とさなくなったのか?持ち主に返るようになったのかは定かではありませんが)という報告がありました。

落とし物コーナーを
見やすい場所に移動

落とし物コーナーの棚の工夫

ホールの奥にあった落とし物置き場。使われていなかった書架を
使って、お店屋さんのようにディスプレイしてみました。

落とし物コーナーを見やすいところに

以前は非常ドアの裏側にあって、目に付かない所にあったのを
目に付く昇降口の正面に移動、左はエコステーション。

POINT　改善したい場所だけでなく、全体から考える

DIYアドバイザーから見た教育環境整備コラム ❹

あると便利、建築用養生カラーテープ

本文中にもあるが棚全体の色分けやラベリングに以前はビニールテープを使っていたが、時間と共に剥がれやすく，粘着面のべたつきが気になっていた。また大小の名札シール。これも貼り替えると剥がれにくいし、あとのべたつきが取れにくい。

最近、装飾用マスキングテープが発売され。その貼りやすさ。剥がしやすさ、デザイン性が好評である。

その貼りやすさ、剥がしやすさを持つ建築用養生カラーテープは、室内利用であれば貼り・剥がしが楽で、剥がれにくく、またきれいに剥がれる。

ホームセンターで10色くらいは揃う。片づけに色分けが有効なので、この養生カラーテープは有効に使える可能性が高い。

幅がクラフトテープと同じ5cmなので、大きい文字表示に使えば、油性ペンで書ける。また簡単に切れるし、価格も１本３～400円くらいと手頃である。図工室等で用具別棚表示や収納用品のラベリングに活用しているが、一時的な仮表示など、他の利用もいろいろできそうだ。

第6章

「動作を楽にする」仕組み作り

6-1

モノを収納する高さを意識する

横の動きは案外気を付けますが、高さについて気を付けると、いろいろな動作がもっと楽になります。

〉〉〉人の手が楽に届く高さ

身長により、その人の手が届く高さが違うことは当たり前ですね。では、「身長○cmだったら、どこまで届くか？」というと、普通は身長×1・2倍と言われています。例えば180cmの人だと216cm、150cmの人だと180cmです。

手を上げた時届く所と下げた所の間が、楽に手が届く場所になります。それより下は屈まなくてはならないし、届かない上の方は脚立が必要。だから、上は使いにくい所なのです。

〉〉〉一番使いやすい高さ

さらに、目線の位置は大体身長×0・9とされています。上の方や下の方は見にくいということです。

そこで一番使いやすいところはどこかというと、使う人の腰の位置から目線の高さまで、自然な姿勢で楽に出し入れできる場所になります。ここが、ゴールデンゾーンと言われているところで、身長によって違ってきます。

〉〉〉使う人の身長を考えて収納する

背の高い人は、ヒョイと棚の上にモノを乗せることがありますが、これは安全ではないし、背の低い人にとっては届きません。

教室の掃除用具入れ。小さな1年生には、箒をフックから外したり掛けたりするのがやりにくかったのでは？と今さらながら気付いたことです。

収納する人でなく、使う人の身長を考慮することを忘れていたのです。使う人の目や背の高さを考えたいものです。特に小学校の低学年には配慮が必要です。

使いやすい高さを意識してみる

ゴールデンゾーン

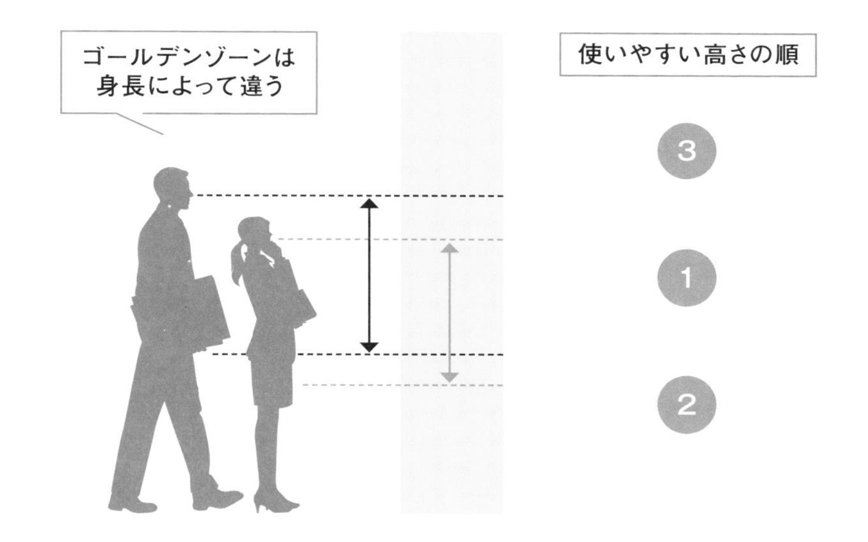

ゴールデンゾーンには使用頻度の高いモノを収納します。

手の届く高さ・・・身長×1.2
目線の高さ・・・・身長×0.9

POINT 使いやすい高さは、人によって違う

6-2

使いやすい高さにする

ゴミを捨てに行くのにグルッと一周

写真上は印刷機の反対側、作業台の奥にゴミ箱があるY小学校です。ゴミを捨てに行く時は通路にいる人もいっしょに奥へ行き、作業台をグルッと一回りして元に戻る。こんな押し出しゲームのような状況は、狭いがために起こっていました。

作業台下にゴミ箱を移動しては？

とにかく忙しい学校、作業台の下にゴミ箱があると動線が短くなります。印刷する人は振り向くだけで、ゴミを捨てることができますが、それが叶わない原因は、作業台の高さが低いということでした。

作業台の脚を伸ばす

なんと測ってみると作業台は高さが70cm。これは座って使う机の高さです。作業は立ってするので、一般には85～90cmほどがよいです。

そのため、背の高い先生は作業台が低く、これでは腰が痛くなります。我慢していたのですね。

そこで、作業台の脚を15cm嵩上げして85cmにしました。これで下にゴミ箱を置くことができ、腰痛も解消できました。

レターケースも嵩上げ

たくさんの引き出しのあるレターケース。教職員の名前が1つずつに付いています。自分の名前が上の方に付いていればよいのですが、下の方だととても使いにくいものです。腰を屈めないと出し入れできません。背の高い人だと、腰に負担がかかります。

逆にレターケースが高いと、上の方の引き出しは出し入れしにくくなります。

そこで、下に30cmほどの台を作り、その上に乗せるようにしました。その台は収納として使えます。

これで、最下段の引き出しも使いやすくなりました。

使いやすい高さを作る

高さ70cmは、座って作業する時の高さ。立って使う時には、腰が痛くなります。

レターケースの一番下は使いにくいので、30cm嵩上げ。一番上は120cmの高さになります。引き出しの高さは目線より上だと、使いにくくなってしまいます。

POINT 動作が楽になる高さにして、ストレスを解消

6-3

戸棚がスタンディングデスクになる

〉〉〉ゴミ箱の上に棚があったら

先生方はいつも何かを持っています。筆記用具、児童・生徒の学習のモノ、授業で使うモノなどなど。手に何かを持ってゴミ捨てに来るときは、一旦どこかにそれを置きたいものです。

ちょうど使わないスチールの戸棚がありました。この戸棚の扉と棚板を外し、中にゴミ箱を入れました。ちょうど3つずつ入りました。これで、ちょい置きスペースができたのはもちろんです。

〉〉〉スチール棚をスタンディングデスクに

最近、立ったまま仕事をするためのスタンディングデスクが注目されています。ちょっとした打ち合わせも、椅子に座らず、立ったままでできるようなところが職員室に欲しいものです。

M小学校では戸を外したスチール棚の中に、ゴミ箱を入れています。これをお茶スペースとワークスペースの間に置き仕切りにしました（写真上）。

スチール棚の高さは90㎝。この高さは立ったまま打ち合わせするのにもちょうどよい高さでした。仕切り兼、ゴミ箱スペース兼、打ち合わせスペースとなり便利に使っています。

〉〉〉マップケースもスタンディングデスクに

どこの学校にもあるわけではないですが、大きなマップケースも利用できます。これを壁付けにせず、島状に置き、回れるようにします。高さもスタンディングデスクとしてちょうどよいものです。

デスクの高さは座って作業するか、立って作業するかで違います。忙しい時は、立ったままパッと資料を広げるスペースが欲しいものです。マップケースのある事務室では、立ったままちょっとした作業ができます。

わざわざ買わなくても、今あるモノを上手く使って、利用してみては。

立って使いやすい高さは?

スペースを緩く仕切るスチール棚は、中がゴミ箱置き場、棚はスタンディングデスクになり、便利に使えます。

マップケースは壁付けにはしないで島状にして、スタンディングデスクとして活用されています。

POINT スタンディングデスクを取り入れる

6-4

児童・生徒が使いやすい高さにする

児童・生徒が楽にモノを出し入れできるところを定位置にします。児童・生徒自身でモノを元に戻せば、先生方の仕事も少しは減ります。校内で児童・生徒が使うモノの高さを確認してみましょう。

〉〉児童が楽に出し入れできる高さ？

大人では見えるモノが、小学生の児童には見えない、使いにくいということがあります。

例えば棚の高さ。家庭科室の高い棚からのモノの出し入れする時、背の高い児童にやらせていたという話を聞きました。大人は難なく出し入れしているので、うっかり気付かないのです。私も片づけを学んで気付いた次第ですから。

〉〉棚板を下げるだけ

そこで、可動の棚板2枚を下げ、児童が使いやすい高さにしました。これで、道具の出し入れが楽になります。

身長130cmの児童の場合、手が届く高さは1・2倍の156cm。なので、上の棚板を150cm位にすると、道具の出し入れを楽に安全にできます。

道具にもラベル（番号や色）、定位置にもラベル（同じ番号や色）を付けてください。背の高い児童だけでなく、みんなが楽に元にもどせます。

〉〉昇降口の壁面を利用したジョウロ置き場

ここを栽培委員会の児童が使うジョウロを出し入れしやすく、いつも整っているようにしたいと、長くて太い突っ張りポールを使って、ジョウロ掛けを作りました。フックは少し高い位置ですが、ジョウロのノズル部分を持って掛けます。フックは動かないように洗濯バサミで固定。洗濯バサミは2個ずつの色違いになっています。

この仕組みで、児童は自分のジョウロを色と番号で元へ戻しやすく。ジョウロはいつもこのように整頓できているということです。

子どもにとって使いやすい高さにする

高学年の児童の手が楽に届く高さに、棚板を下げました。

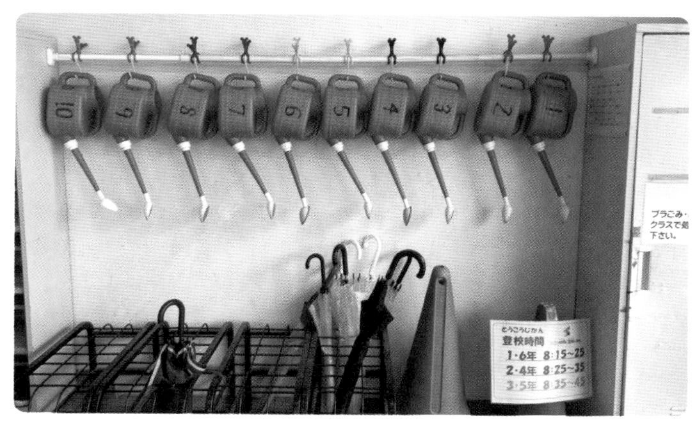

ジョウロのノズルを持ってフックに掛けるので、つっぱり棒を少し高く

POINT 使う人の身長を考えて、モノを置く高さを決める

DIYアドバイザーから見た教育環境整備コラム❺

引き戸にノズル付き潤滑油を

図工室整備では、戸棚の引き戸は全て外して作業する。その時に感じるのは、ほとんどの引き戸の開け閉めがしにくいということだ。

そこで、最後に引き戸の戸車部分に注油し、溝部を拭き取る。開閉が楽になりストレスは減る。経年で引き戸に戸車がなくなったものが多いが、潤滑油でかなり楽になる。

こんなことと思われるこのストレスを、何度も、しかも何人も味わっている。ノズル付き潤滑油なら、戸を外さずに戸車付近に吹き付けるだけでもよい。

引き戸は校舎内にたくさんある。門、校舎や部屋の出入り口、戸棚の引き違い戸など、いろいろなところにある。だから、動きにくければすぐに潤滑油を使って対応すればストレス減になる。

戸車はドア下部にあるのでそこにノズルをあて潤滑油を吹き付けるだけだ。

重いドアに体も力加減も対応していて、そのストレスを感じなくなっている。

しかし、心理的にも、余分な力を使っていることが負担になっていることに気付き、ここで見直してみるのはどうだろうか。

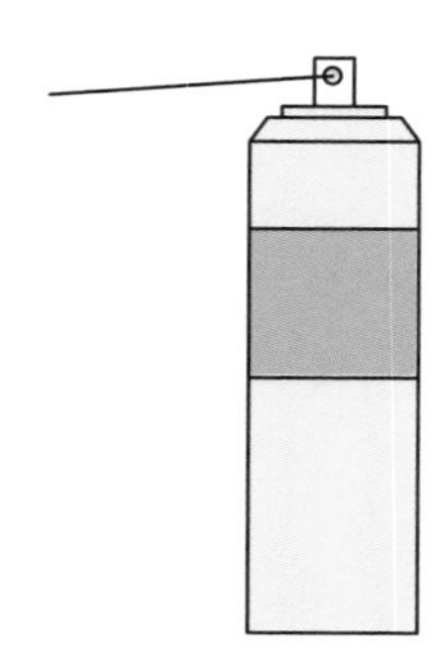

第7章

「動線を整える」仕組み作り

7-1

「片づけ」の計画は大から、作業は小から

片づけの大きな効果は時短です。時短の最たるものは動線を短くすること。使うところに使うモノを置いておくことです。ですから、少し広い視点で片づけを考えていきます。

〉〉片づけの計画は学校全体から考える

例えば鍵。セキュリティ面から考えると職員室にあるのがよいです。では、職員室のどこにあったらよいかと考えると、多くの人が使い、しかも急いでいることが多いので、出入り口の近くがよいということになります。

このようにモノの置き場は学校全体から見てどこにあったらよいか、次に部屋の中のどこにあったらよいか、どのくらいの高さにするか……と考えていきます。

学校の中のスペースや収納場所が適切に作られていればよいですが、それ自体が使いにくい位置であれば、そこから検討しなくてはなりません。いつも学校全体を俯瞰して、その場所は適切か、もっと他の場所を活用できないかと考えます。

〉〉片づけ作業は小さなところから

先ほどの鍵、「どんな種類の鍵がどれだけあって、どんな形（キーホルダー）がよいか？」などと検討していきます。そうすると、数や量、鍵置き場の大きさなどが分かってきて、その置き場のスペースと見合うようなモノを設置することになります。そういう小さいところからスタートです。

〉〉学校全体を俯瞰する

いろいろなところに倉庫、物置など収納場所が案外あるものです。なので、一度校内図を広げてモノの置き場を検討してみます。そして、使用頻度を考え、使うモノがどこにあったら適切かを確認してみましょう。

よく使うモノ、たくさんの人が使うモノは、職員室やその近くにしたいものです。

全体を俯瞰して片づけの計画を立てる

実行

使ったらすぐに
元に戻せそう

使いやすい場所
高さを考えて
取り付けよう

数と大きさを
決めよう
色も分けよう

例えば
鍵の収納に
ついて

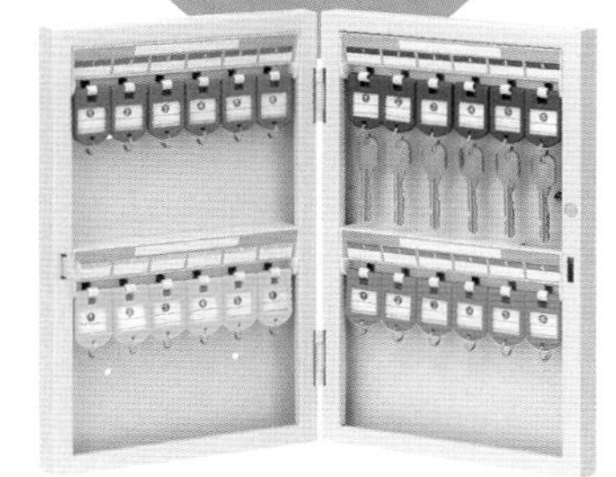

計画

鍵はどこにあると
よいかな?

定位置はどこが
使いやすいかな?

大きさは
どれくらいかな?

○学校全体、部屋全体から見てどこにあったらよい?
(もっといい場所があるかも)

○みんなが使いやすい場所はどこ?
(すぐに出し入れできる場所になってる?)

○定位置にちょうどよい大きさ、数はどれくらいかな?
(しっかり測って検討しよう)

POINT 改善したい場所だけでなく、全体から考える

7-2

回遊動線を作る

行き止まりはモノの溜まり場

左図は職員室から少し離れたところにあるM小学校の印刷室です。この学校は事務室がないので、印刷室に事務用品が置いてあり、先生方の使用頻度が高い場所です。

初めて印刷室に入った時、手前の空間が結構空いているなと思いました。ところが、窓側の方が何だかギュウギュウ詰め。真ん中の作業台を挟んで、左右の奥側は物置状態でした。そこには、玄関に出す表示用黒板が置かれています。使う時には、一番奥から出してこなくてはなりません。

作業台をちょっと移動して

狭い印刷室、事務用品や紙類もたくさんあるし、ここへ出入りする先生も多い。ならば、作業台の向きを変え、少し手前に移動させ、グルッと回れるようにしてみたらどうでしょうか。

作業台下は紙置き場に。奥にあった表示用黒板は出入り口の近くに移動。狭いけれど回遊できるようになりました。

回遊動線のよさ

回遊動線というのは、文字通り回遊できる、グルッと回れる動線です。反対側へ行くのに戻ってから行くのでなく、そのまま行けるので動線の短縮になります。また、人がたくさんいる時には、回避することができます。すれ違うことができる余裕のあるスペースならよいですが、そうでない場合は別ルートができるという訳です。

印刷室のようなところでは、真ん中に作業台があり、その周りをグルッと回れると、作業効率がよくなります。作業台の下も有効に使えるようにして空間の有効利用を図ると、狭くてもとても使いやすくなります。

そして、何よりも行き止まりにモノが滞留しないようになります。

玄関に出す表示用黒板は、入り口近くへ移動しました。

回遊動線を作る

Before

印刷機
作業台
事務用品
事務 用品

気を付けないとどんどんモノが
溜まりやすいもの。

After

印刷機
作業台
事務用品
事務 用品

行き止まりにあった紙類は
作業台の下に移動。

行き止まりはモノの溜まり場に。

グルッと回れます。

POINT 多数が使う所では回遊動線が有効

7-3

動線を短くする

＞＞目を疑った印刷室の場所は

校長先生に「ちょっと印刷室を見てほしい」と言われ、ついて行った先は階段の下。普通は倉庫になっているような所ですが、そこに印刷機はなく、その奥の曲がった先、なんと階段下の天井がさらに低くなっているところに2台の印刷機が！　信じられないような印刷室でした。

＞＞問題点が満載

頭をぶつけそうで危険、階段下で暗い、キツイ（狭い）の3Kはもちろんのこと、湿気が多くて紙がくっついてしまう、誰もいないと思って電気を消したら、誰かがいたということや、反対に誰もいないのに、電気が点けっ放しだったということも。奥が見えないための問題、また安全や収納の問題などなど。しかも、職員室からは離れているのですから、先生方のストレスはどれほどだったでしょうか？

＞＞印刷機を出入り口の近くに

簡単には移動できない理由は、元からあった印刷機を置くための造り付けの台があるからです。業者に頼んで取り除いてもらうので、予算との兼ね合いでした。台の一部をカットし、そのカットしたところは別のところで使うように考えました。早速、採寸して図面を描き、校長先生に提案しました。

＞＞念願叶って、移動完了

印刷室のリフォーム完了の報せを受けたのは、提案してから1年以上経ってのことでした。

入ってすぐのところに、大きな印刷機が2台、ちゃんと収まっていました。その反対側には高さ90cmのスチール棚を置き、上は作業台に、下は紙の収納にしました。ほんの10歩ほどの動線の短縮ですが、作業している人がいるのがすぐ分かり、ストレスも減りました。これで、学校全体ではかなりの時短になるはずです。

動線を短くする

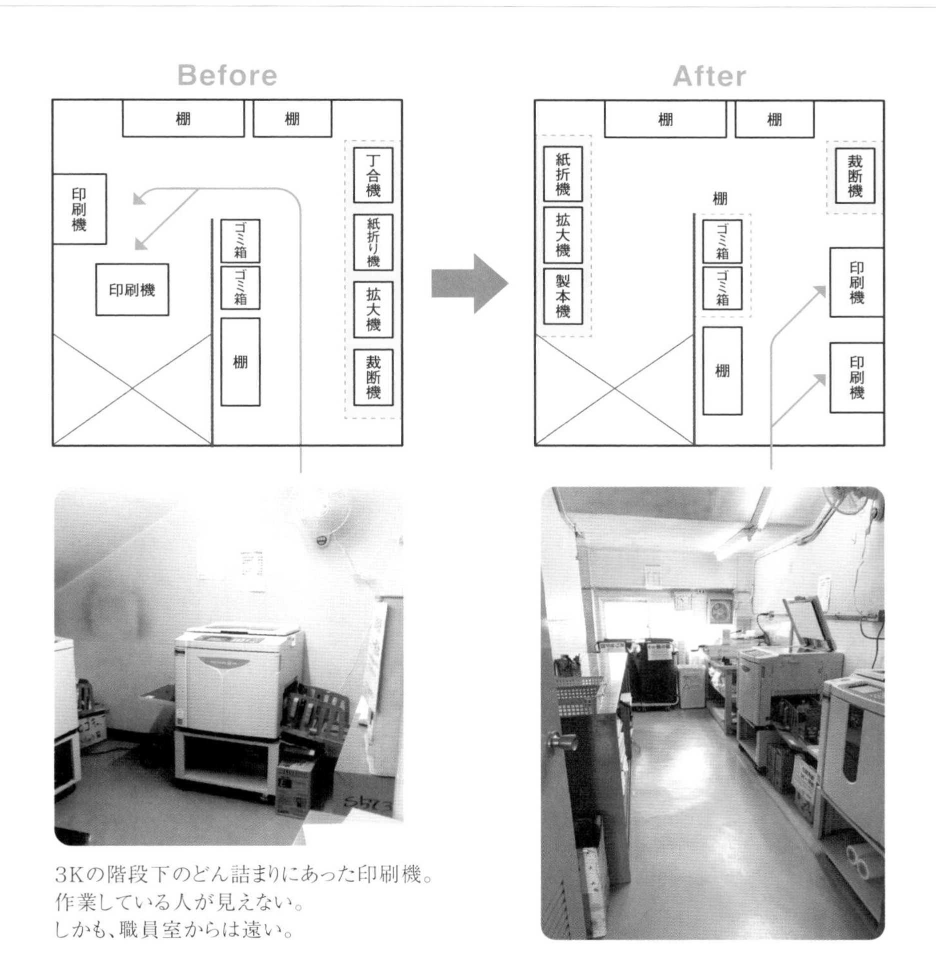

3Kの階段下のどん詰まりにあった印刷機。
作業している人が見えない。
しかも、職員室からは遠い。

POINT　たった10歩でも動線を短くして時短に

7-4

思いやり渋滞を無くす

〉〉朝のラッシュ時は悲惨

Y小学校のレターケース置き場では、毎朝悲しいことが起こっていました。

出勤してレターケースの中身を調べる、出す、という場所がとにかく狭いのです。両方向からくる先生方はそこですれ違うことができません。取りに行って戻る人を次の人は待っていなくてはならないのです。しかも、そこには先生の座席があり、座っている人もお互いに気を遣い、落ち着いて仕事をしていられない状況でした。

さらに、事務職員はレターケースに書類を入れるのにも気を遣います。その前の先生が座っていない時を見計らって入れなくてはなりません。

〉〉思いやり渋滞発生

ほんの2、3秒のことですが、レターケースのところまで行き、引き出しを開けて中身を出し、また閉める。その間何人もの先生がそこで待つことを「思いやり渋滞」と名付けました。

優しい人たちは「どうぞ」と言って待ちますが、朝の貴重な時間は1分1秒も大事な時間です。思いやり渋滞を何とかしたいと頭を捻りました。

〉〉移動する場所を見つける

職員室に入って自席へ行く動線上にレターケースがあると都合がよい。そう考えて職員室を見回すと……できそうな場所があるではありませんか。早速、計画を立てました。不要なモノをなくし、別の所に移動すれば、ちょうどスペースが空きそうです。

レターケースは今まで目の高さだったので、床に置くと今度は下の方が使いにくくなります。そこで、30㎝ほど嵩上げ。下の台を作り収納できるようにし、その上に乗せました。

これも職員室の不要品を片づけてモノを移動し、スペースが空いたからこそできたことです。

忙しい朝のストレス解消

毎朝、思いやり渋滞が起きる、レターケース前。お互いに気を遣います。

3つのレターケースを2つにへらして、場所を確保

POINT 職員室の銀座通りを再点検してみる

DIYアドバイザーから見た教育環境整備コラム❻

ラベル剥がしはハンドクリームで

学校ではラベルライターでラベルを作って貼ることが多い。簡単にきれいにできるので、いろいろなところでたくさん使われている。色も白だけでなく、色付きもある。

ところが貼り替えたいと思った時、きれいに剥がれず、テープの跡が残ってしまう。

まだまだ使える引き出しだが、このように剥がしたラベルの後が汚いのが気になる。きれいに剥がれたらいいのだが、面倒なのでこのまま使っているところが多いと思う。

そんなときには、ハンドクリームを塗ってしばらく置いてから剥がすときれいに剥がれる、とネットに書いてあった。

早速試してみる。ハンドクリームを塗り、柔らかくなったところを拭き取ると、簡単に剥がれ、きれいになる。剥がしにくいときは、ヘラやプラスチックカードなどを使うと楽。

シールがきれいに剥がれただけでも、モノが新しく生き返った気がする。スッキリときれいになって気持ちがよい。

第8章

職員室を片づける

8-1

働きやすい職場環境にする

》》とにかく狭い

コロナ禍やICTの導入もあり、学校の状況も変わってきています。それに伴って、学校ではいろいろなモノが増え続け、書類が増えれば書棚も必要、いろいろな機器もどんどん新しくなり増えています。教員の増員はありがたいことですが、それに伴って机を置くスペースを捻出するのに悩む学校が多くなっています。

ちょっとお茶を飲むにも、ポットやコーヒーメーカーを置く場所もない。出勤札やレターケースを扱うにも、座っている人の後ろを遠慮がちにすり抜けるしかない。とにかく狭い。

》》減ること、減るモノがない

さらに、複合機やIT機器が導入され、タブレットの充電スペースも必要に。パソコンがあるので机上も狭くなっています。便利になっていく分、増える機器をどのようにレイアウトするか？　考えが追い付きません。

教科も業務内容も増えるばかりなのに、減るモノはなし。片づけ業界では「1つ増えたら、1つ減らす」という考えがありますが、学校では教科も評価も増え、それ以外にもやることが増え、機器が増え続けています。

》》教職員を大事にするという考えを

児童・生徒のためによい環境を整えることはもちろんですが、それと同時に教職員のために働く環境を整えることが求められます。働きやすい環境でストレスを溜めないことが、児童・生徒へのよい効果を生むでしょう。

休憩だけでなく、休息時間も取れない現場の状況です。気分転換になるお茶すら飲む時間も取れないことも。せめて環境だけでもゆとりを作りたいと願います。

学校で働く人みんなが使う職員室。狭いながらも、何とか捻出したゆとり。その改善事例を2つ紹介します。

ことやモノが増えるばかりの学校

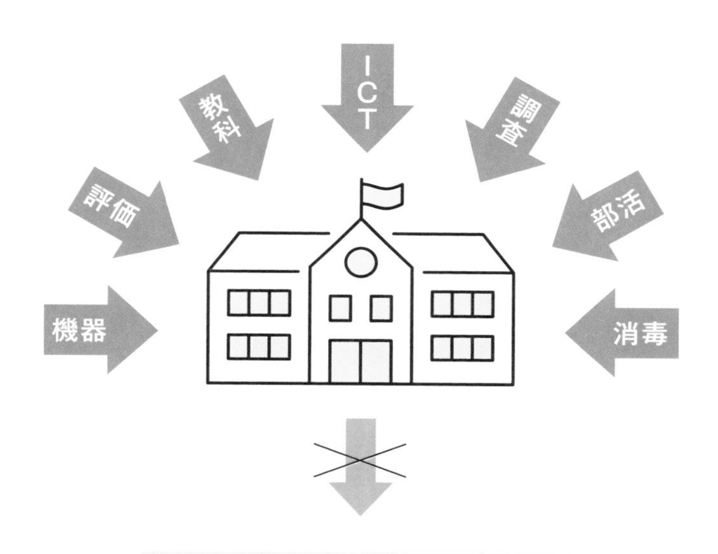

減ること、減るモノがない!
せめて環境だけでもゆとりが欲しい!

POINT 働く人を大事にする環境を作る

8-2 職員室の片づけの進め方①

今まで6校で職員室の片づけを行ってきました。初めは手探りでしたが、やってくる中でよかった進め方をまず紹介します。参考にして取り組んでみてください。

①プロジェクトチームを作る

プロジェクトチームを作ることで、トップダウンでなく、自分たちで環境を改善していこうという姿勢が生まれます。

また、チームを作ることで一人よがりの見方にならず、いろいろな角度からの意見が出る方が望ましいです。

プロジェクトチームは3～5人で、左図のようなメンバーで組むとよいでしょう。チームのリーダーは、その学校で2～3年以上勤務し、ある程度全体の様子が分かる中堅の先生がよいと思います。

メンバーには学校全体を俯瞰できる立場にいて、必要な予算を計画できる事務職員にも入ってもらえるとよいです。学校の状況によっては、技術員、養護教諭が入る場合もありますが、学校の状況で決めてください。

②問題点を洗い出す

職員室のどこにどのような問題点があるか、無記名でもよいので、付箋に書いて職員室マップに貼ってもらいます。マップはザックリ描いた手描きのもので構いません。

問題点を見つけ出すことがとても大事なのです。中には問題点に気付かない人もいます。気付いても諦めている人もいます。みんながどのように考えているかを見える化するのが、この職員室マップ。

自分と同じように考えている人がこんなにいる、誰かが書いたのを見て、気付かなかった問題点に気付くなど、一定の期間を設け、貼り出していくようにします。(貼ったらお菓子を1個なんていうのもありです)

問題点も初めに「全部出す」ところから。

❶プロジェクトチームを作る

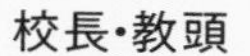

校長・教頭

チームのリーダー

その学校での勤務が
2年以上の中堅の先生

片づけ意識の高い先生
事務職員　主幹教諭

3～5人くらいの
チームを作る

❷職員室マップに問題点を書いて貼る

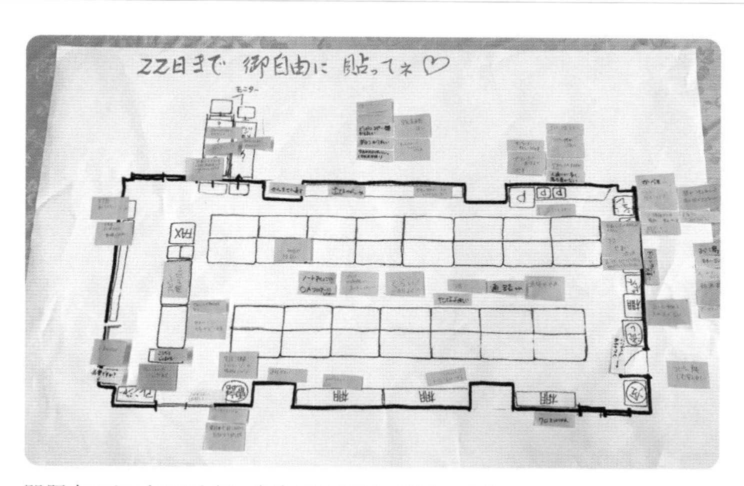

問題点やよいところなど、色を分けて貼ってもらいます。

POINT　みんなの意見を吸い上げて見える化する

8-3

職員室の片づけの進め方②

③職員室で研修会を開く

片づけというとまだまだ乱れたモノを整える整頓、モノがきちんと棚や引き出しに収納されていれば片づいていると思う人が多いのではないでしょうか。

そこで、片づけの意味を正しく理解するだけでなく、その効果を実感してもらうための研修会を行います。研修の講師は片づけの理論を学んだ教職員が行ってもよいですし、資格を持ったプロに頼むこともできます。場所は職員室の自席で行い、時間は児童・生徒の授業時間と同じ45分ほどにします。

内容は片づけの正しい意味ややり方を知り、自分の机周りの筆記用具の片づけを実際に行うというものです。使わない筆記用具がたくさん出てくることも。使うモノだけにすると、すぐに必要なモノが取り出せ、時短になることを実感します。

④片づけの計画を立てる

職員室マップに貼られた付箋を見て、たくさん貼ってある所や危険なところがあれば、そこから始めます。

ところが、Aを片づけるためにはBをやらなくてはならず、Bをするためにはこをやらなくてはならない……ということが起こってきます。優先順位やモノの移動など計画的に行なわなければならないので、ここは学校の状況をみて判断していく必要があるところです。机や棚を移動する時は、必ず測ってから計画を立てます。

⑤みんなで片づける

職員室の片づけは全員でいっしょに行います。全員が使う場所なので、全員でやることに意味があります。

片づける箇所と担当を決める時は、複数で担当するようにし、1人で要・不要を判断せず、相談できるようにします。また、不要品が出た時も、どこか別のところで使えないかと、みんなに見てもらって相談できます。

みんなでいっしょに片づけて、不要品の総量を確認し、スッキリした達成感を味わいましょう。

❸校内研修会を行う

自分の机の中や上にある筆記用具を
実際に仕分けします
使っている・使っていないで分け、
さらに種類別に分けていきます

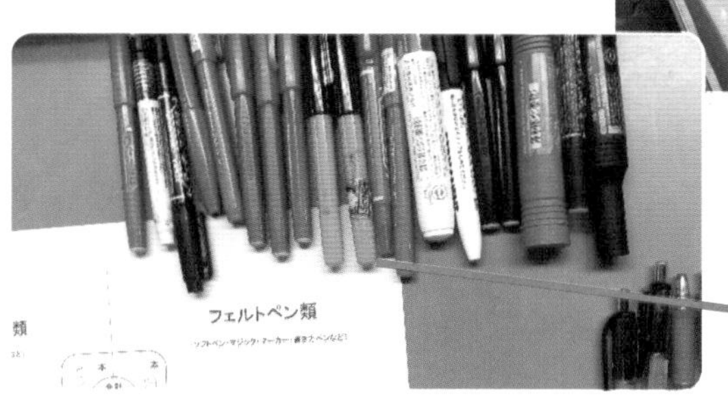

このように赤ペンが何本も出てくることも

たくさんの赤ペンが事務室に

❹計画を立てる ❺全員で片づける

こんなにたくさんの不要品が出ました。

POINT	片づけの意味を理解してから片づける

8-4

実践例——横浜市立Y小学校①

2018年4月。校長先生から「とにかく狭い職員室を何とかしてほしい」という依頼がありました。Y小学校にはそれまでに図工室や事務室の片づけに入っていましたが、職員室を片づけるというのは私にとっても初めてのことでした。

〉〉〉プロジェクトチーム結成

主幹教諭、教諭、事務職員のプロジェクトチームを作り、チームリーダーの若いO先生を中心に打ち合わせをしました。職員室を見ると、特に中央の通路が狭く、間をすり抜けるように歩き、席の後ろにある書棚との間もギリギリ。真後ろにコーヒーメーカーがある先生は、熱湯が出るので危険です。

職員室が狭くなった理由の1つは耐震工事で筋交いを入れたため。もう1つは机が増えたためでした。

もう少し通路を広くしたい、ちょっとした打ち合わせスペースもほしい。その願いをどう叶えるか。難題に取り組むことになりました。

〉〉〉誰も使っていない機器があった

打ち合わせの後、職員室のとてもいい場所に置かれた黒い機器を見つけました。先生方に尋ねると「?」「使ってない」との答え。それは、もう使っていないプリンターで、その横には大きな複合機。黒いプリンターは以前の位置に置かれたままだったのでした。これを無くせばい い。もしかしたら他にも要らないモノがあるはず。これを突破口にして、もう少しゆとりを作れるのではないかと確信しました。

〉〉〉問題点の洗い出し

職員室は普通教室の2つ分。問題点を書いた付箋を、問題点を黄色、危険な所はピンクに色分けをして貼りました。付箋がたくさん付いているところから改善していくことに。

職員室を何とかしたい！

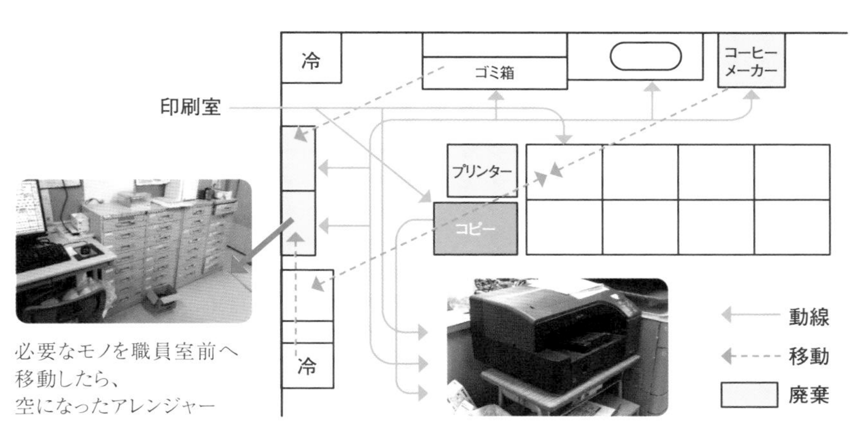

必要なモノを職員室前へ
移動したら、
空になったアレンジャー

POINT 動線の入り混じったところから始める

8-5

実践例――横浜市立Y小学校②

本格的な片づけに入る前の6月半ば、放課後に45分間の研修会を行いました。内容は筆記用具の片づけです。次に学校を訪れた時、校庭にいた先生が「スッキリしました〜」と声をかけてくれたことが印象的でした。

》〉計画を立てる

動線が入り混じったところは、隣の印刷室、放送室の出入り口があるところです。いわばマラッカ海峡のような狭いところを、何人もの先生方が行ったり来たりしている状態でした。しかも、使っていないプリンターがあるところです。

転出入の手続きは職員室の前の机で行うのに、関係の書類は後ろにあるアレンジャーの中。そこで、この引き出しの整理からと思い、職員室アシスタントの先生にお願いしました。

すると2つのアレンジャーが不要になり、そこから少しずついろいろなモノを移動できると考えました。不要なモノを職員室から排除。なんとかカフェコーナーができそうな気配がしてきました。それまでに計画書作りです。作業日は夏休みに入ってすぐ。

》〉全員で片づける（個人机・共有場所・家具移動）

当日の進行はプロジェクトチームのリーダーO先生。3時間ほどの作業を3つに分け、1時間目は自分の机の片づけ、2時間目は共有の場所の片づけ、3時間目はみんなで机や棚を移動するという流れにしました。

》〉配置替えをする

配置替えは前ページのレイアウト図のようにします。ここで不要になるモノを運び出し、机も移動。最後にコーヒーメーカーを移動すると、その前の席の先生が「広くなった〜」とその場でクルッと一回り。通路も広くなりました。

コーヒーメーカーやポットが置かれたところに「本日開店」の旗を立てて、この日のゴール、カフェをオープンさせることができました。

カフェコーナーの開店です

日々目にしていたのに
誰も使わないプリンター

コーヒーメーカーを移動して
広くなった通路

ホッと一息ついて飲むお茶でリフレッシュ。仕事の効率もUP

POINT 職員室にはオアシスが必要

8-6 実践例――横浜市立S小学校①

〉〉〉プロジェクトチーム作り

ここでは環境担当のY先生と事務職員と私のチームで取り組みました。図工室、事務室に続いての職員室の改善です。

〉〉〉問題点の洗い出し

早速、Y先生が大きな職員室マップを作りました。そこに貼られた付箋を見て行くと、いくつもあったのが「職員室にコピー機が欲しい！」という声。忙しい中、先生方はわざわざ離れた印刷室にコピーをしに行っていたのです。「先生方の希望を叶えたい！」と、改善のスタートです。

〉〉〉校内研修

S小学校ではなかなか研修の時間が取れず、結局、夏休みに入ってすぐの片づけ作業日の初めに行うことになりました。内容は自席で行う筆記用具の整理です。まずは取り出しゲームから。「ハサミを出してください」と言うと皆さんすぐに出せますが、細かいモノや片づいていないと時間がかかります。そこで、「探す時間を無くすことが片づけの目的なのです」と話します。

〉〉〉計画を立てる

「コピー機を置く所はないか」と探すと、よさそうな場所がありました。しかし、そこに置くには今ある引き出しを動かさなくては……それを置きたい所には棚があって、それを動かさなくては……というように、採寸をしながら計画を立てました。

視聴覚備品の棚は隣接の事務室に置いてもよいということで、そこへ移動させます。窓を塞ぐ背の高い棚も気になっていたので、なくなると少し明るくなるのではないかという思惑です。その棚の所を片づけて、さらに使いやすくします。コピー機の設置場所は2畳ほどですが、これで印刷室まで行かないで済むようになるのです。

職員室にコピー機がほしい

職員室の不便・困った（一部）

●職員室前側

- 児童表をよく使うのに動線が悪い
- **コピー機がほしい**
- 狭い、人がすれ違えない
- 狭い、腿がぶつかる

●モニターの棚

- 何が入っているか分からない
- ごちゃごちゃしている
- 防犯カメラモニターの棚、視聴覚グッズの棚、なんとかならないか

●出窓

- 学年の棚が狭い、低い、取りづらい
- 出っ張っているのがいや

●プリンター近辺

- 大型プリンターの手差しがじゃま
- プリンター開けると狭い
- **コピー機がほしい**
- **コピー機が遠い**
- 狭い、人がすれ違えない
- とても狭い
- 人通りが多く、落ち着かない

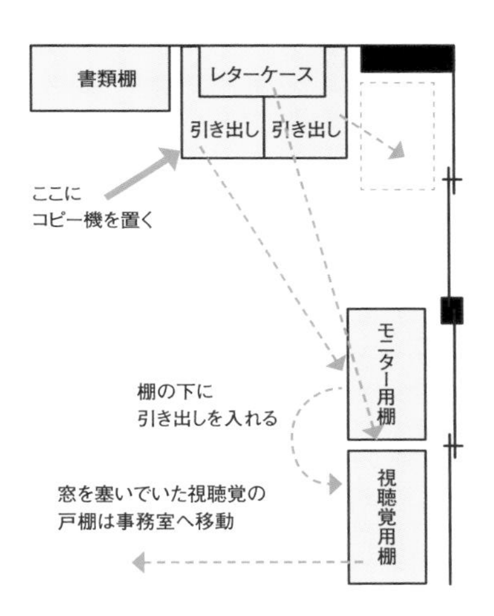

Before

この棚は右へ

この棚は隣の事務室へ

After

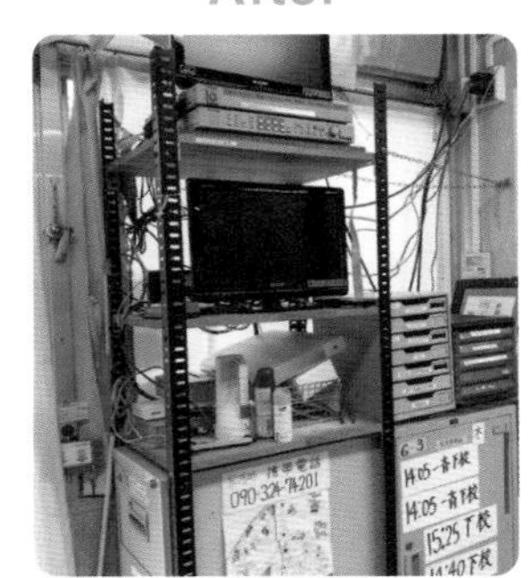

棚の上にあったモニターを下ろし
1つの棚にまとめました

POINT 優先順位を考えて片づける

8-7 実践例——横浜市立S小学校②

〉〉〉全員で片づける（個人机・共有場所・コピー機の移動）

夏休みに入ってすぐの午後の作業日、片づけ研修会の後に共有場所を分担して、皆で片づけをしました。そして、最後に棚や引き出しの移動です。移動した後は掃除をして、コピー機を迎える準備をします。棚を持って行く事務室でも、同時に引き出しや机の移動をします。

そして、数名が印刷室からコピー機を運んできました。設置すると、皆から拍手が起こりました。私も無事に納まってホッ。これで、「職員室ですぐにコピーができる」という先生方の希望を叶えることができました。

〉〉〉ここも改善

環境改善では、時には何かを付けたり、何かを外したりするちょっとした作業も必要になります。

S小学校で次に取り組んだ改善は、窓の所の台を外し、新しくプリンターを置く台を作ることでした。窓下にある収納の上から30㎝ほど板を出っ張らせて、そこに大きなプリンターを乗せていました。プリンターを置く場所がなく、仕方なく作った台なのでしょう。けれど、これが出っ張っているため、下の収納が使いにくく、台の上は物置状態です。狭い通路がさらに狭くなり、プリンターを使う時は、通行止めになります。

〉〉〉広くなった通路

ちょっとした大工仕事になりましたが、今まであった台を外しました。すると、通路がこんなに広く。

プリンターはもっと右側の職員室の隅の方へ移動し、向きも90度変え、座っている先生にぶつからないようにしました。棚の下も片づけて、プリンター周りもスッキリです。

次々と増える便利な機器。必要ですが、置き場に悩む学校がとても多いのではないでしょうか。多少お金をかけてでも、毎日のストレスを減らすことで、よりよい指導ができるようにしたいものです。

職員室にコピー機がやってきた

Before

After

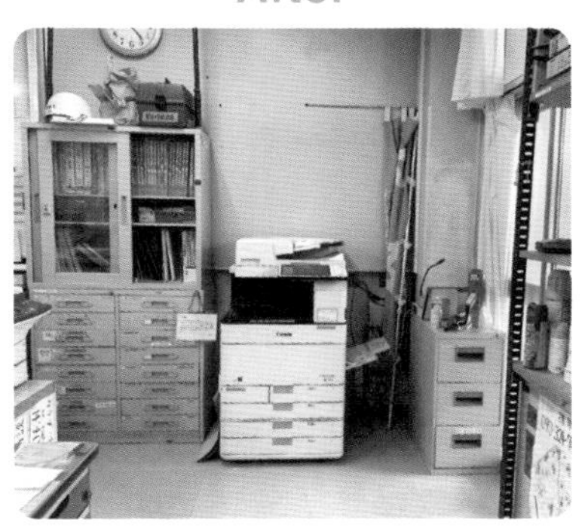

通路が広くなった

Before

プリンターを置くためにせり出した棚板で出し入れしにくい戸棚。狭くなった通路。

After

棚板を撤去し、戸棚が本来の状態になり使いやすく。通路も広くなりました。

POINT 解決の糸口は目の前にある

DIYアドバイザーから見た教育環境整備コラム⑦

ペットボトルのささくれないカット技

中が見えること、軽くて割れないこと、手が入る大きさなどのメリットがあるペットボトル。これを切って収納用品として利用できる。

いつも「お金がない」と嘆く学校の実情を知っているので、捨てずに活かしている。お金を出して買う前のお試しとしても、SDGs的にもよいのではないだろうか。

大いに使いたいところだが、これを切るとささくれて手をケガしそうで、切り口にテープを貼ることもある。

ところが、ささくれない切り方を発見した。ナイフは使わず、先の尖ったハサミがあれば簡単にできる。左利き用のハサミがあることを思い出して、閃いたカット技だ。

右利き用と左利き用は、刃の重なり方が逆になっている。それならば切る方向を逆にしてみたらと思い、ボトルの口を左側にして持ち、右利き用のハサミで切ったら、なんと切り口がスベスベに。ぜひお試しあれ。

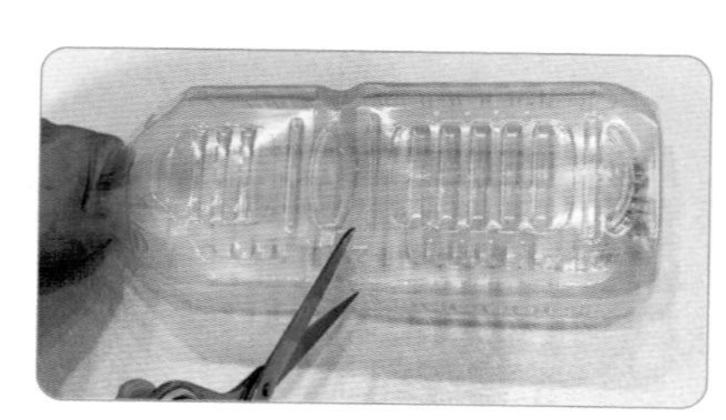

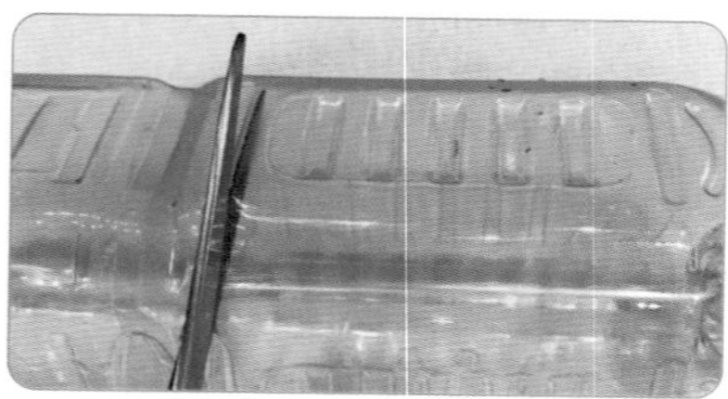

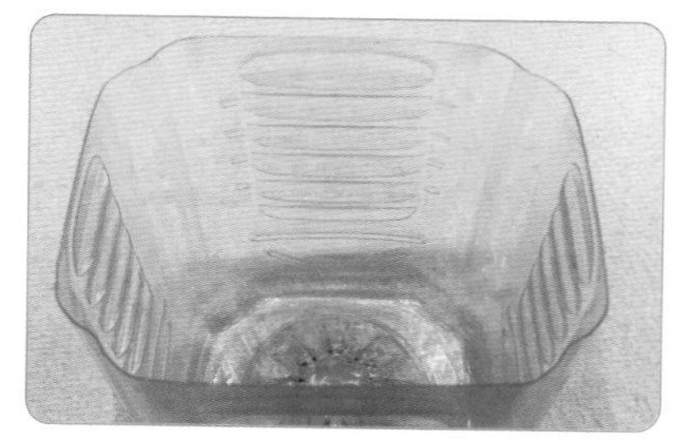

第9章

書類を片づける

9-1

学校には書類がいっぱい

》》困っていませんか？　ファイリング

ファイリングとは「書類を一定のルールに従い分類・整理し、保管から保存、廃棄への流れを運用する仕組み」です。とにかく量が多く、どんどん溜まるので減らしたいと思いますが、古い書類を処分してもよいかどうか、いつまで保存しておけばよいのか、迷うところです。

また、書類をどのファイルに入れるか、検索性をよくするにはどうしたらよいか、というファイルの作り方も悩むところ。おまけに、処分するにも手間と時間がかかります。

》》増える書類と古い書類で、棚はギュウギュウ詰め

書類にパンチで穴を開けて綴じ、立てて収納する方法を簿冊式と言い、一般的によく使われているやり方です。ペーパーレス化してきたとはいえ、文科省から来る文書、自治体や地域から来る文書、学校で作る文書などなど、簿冊がどんどん増えます。何年も前のファイル、小冊子、パンフレット、その他で、棚はギュウギュウ詰めに。

》》棚の中には問題もギュウギュウ詰め

簿冊式ファイルは書棚のガラス戸の中に年号やタイトルの付け方、フォント、文字の大きさなどがバラバラのまま並んでいることが大半です。色もピンク、ブルー、クリーム、黄緑などの紙製。赤、黄、緑、青などのプラスチック製など、統一感がなくバラバラで、しかも薄いモノ、厚いモノが混在しています。パッと見、とても雑然としているだけでなく、必要なファイルがすぐに探せないということも問題です。

事務室内では事務職員だけが管理しているので、やり方を統一できるでしょうが、職員室では多数の人が使い、しかも異動が多いので、なかなか揃えることは難しいものです。さらに、ボロボロになるまで何年も使い続けたファイル、タイトルのない謎のファイル、同じタイトルのものなど、問題もいっぱい詰まっています。

書類も問題もギュウギュウ詰め

書類棚 ビフォー

色もファイルの種類もバラバラ、書類以外のモノも詰め込まれています。

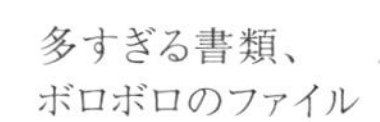

多すぎる書類、
ボロボロのファイル

6年前に作った
ファイル

同じタイトルのファイル

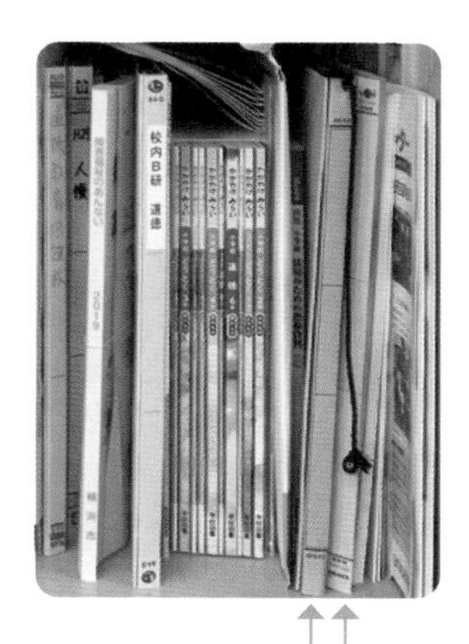

タイトルのない2冊のファイル

アフターは
P133へ

POINT メタボの書類をスッキリ、スマートに

9-2

書類はいつまで保存する?

〉〉〉まずは書類クイズを

【第1問】令和4年4月15日に作った1年保存の書類の保存期限は？　①令和5年3月31日　②令和5年4月15日　③令和6年3月31日

【第2問】過去1年以上前の書類を見る割合はどれくらいでしょうか？　①30%　②10%　③1%

【第3問】今ある書類の何割くらいは処分して大丈夫と言われているでしょうか？　①5割　②3割　③1割

正解は左のページのようになります。

〉〉〉書類の保存年数の決まり

一般に書類の保存年数が決められています。1年、3年、5年、7年、10年、そして永年保存です。

ところが、この年数を知らない、または考えないでいつまでも保存し続けているのが学校。書類棚の中には「平成20年度」なんていうものを発見することがあります。何の書類が何年保存かということが分かれば、処分できる書類はたくさんあるはずです。

〉〉〉作成日と同様、保存期限を記載してほしい

とは言え、元号が変わったのでいつまで保存かということがとても分かりにくくなりました。保存期限を平成～令和の照合表で対応しなければいけません。

なので、書類を作成した時に作成者がいつまで保存かを明記するようにしてくれると、各学校で無駄に迷う時間を使わなくて済みます。国や自治体から来る書類は、ぜひ保存期限や要保存か保存不要かを発行者から伝えてほしいものです。

それによって処理の期限を確認でき、誰でも安心して処分できるようになります。

書類の保存年限の数え方

❶ 令和4年4月15日に作った書類の1年保存期限はいつまで?

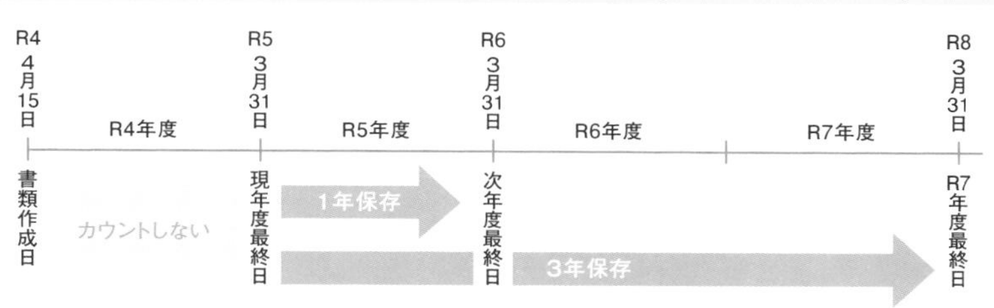

正解は、**令和6年3月31日**です。書類は作成した年月日の年度は
カウントしません。次年度の4月1日から、1年、3年……と数えます。
年度に関わらずいつも使う書類は常用書類と言って、毎年作り変えずに使います。
書類を処分するのは、3月31日の翌日から可能です。

❷ 1年以上前の書類を見る割合は?

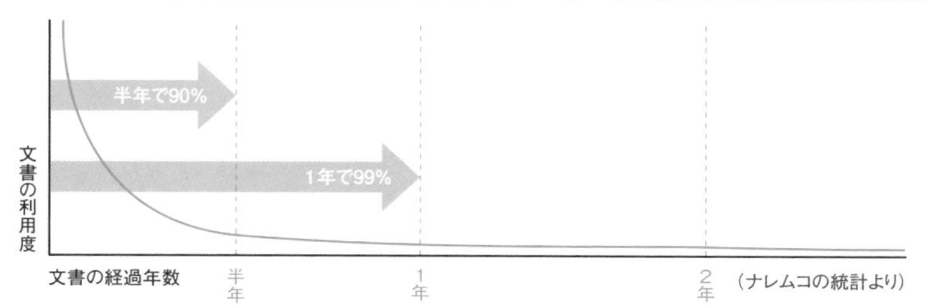

よく見る文書の99%が1年以内のもので、
1年を超えたら**100回に1回の割合(1%)**で見るにすぎないと言われています。

❸ 今ある書類の何割を捨てても大丈夫と言われているか?

一説には**5割**捨てても大丈夫と言われています。

POINT 書類の保存年限と数え方を確認する

9-3

書類を整理する

》書類整理の順序も、出す→分ける→しまう

K小学校ではまず、書棚のゾーンを棚ごとに分け、担当を決めました。この時も必ず複数にして、処分について相談できるようにします。

整理の初めは、まず全部出すことから。ファイルを全部出したら、先生方は処分する書類と残す書類を分けます。この時は過去3年度前までというように処分する年度を決め、それ以前の書類は思い切って処分しました。

》棚に戻す前に

その間に棚板の高さを変え、掃除をします。そして、棚のゾーンごとに分類の仮表示をしておきます。例えば、学校行事、研究、教科、人権、福祉、防災、地域等、大きな分類で棚を一段ごとに分けました。

棚板は左の棚のようにして、A4ファイルが2段入るようにし、真ん中はフリースペースにします。こうすると、棚板の前面に付けたラベルがどこを示しているか分かりやすいです。

》整理したら棚がスカスカに

最後に残すファイルだけを表示に従って、棚に戻すと……なんとこんなに余裕が！ 収納できずに別の所に置いてあった本や資料などもここにいっしょに収納できました。この間、全員で取り組み約2時間（棚は3つ）。

》不要な書類の処分は業者に依頼

不要な書類の入った段ボール箱が10箱以上！ 別の学校でも13箱処分しました。どちらも業者に依頼。要らないファイルもそのまま箱詰めOKで、処分してくれるので楽です。

書類が減るとそれを収納するモノが要らなくなります。スペースが広くなります。必要な書類がすぐに見つかります。書類の処分にはお金がかかりますが、費用対効果を考えて予算を捻出する価値はありそうです。

書類の整理をすると……

A4ファイルを2段使い、余ったところを真ん中に、棚の表示を分かりやすく

まずは整理。思い切って処分したので、こんなにスカスカに。

段ボール箱に詰めたら、そのまま処理業者へ

POINT 書類の廃棄、費用対効果を考えてみる

9-4 簿冊式ファイリングのメリット・デメリット

〉〉〉多くの学校でやっている簿冊式ファイリング

簿冊式は長い間、どこの学校でも慣れ親しんできたものです。ファイルの保存はこういうものだと、当たり前に思ってきたやり方です。職員室ではガラス戸やスチール戸の書棚に、整然と並べられているところが多いですが、カテゴリーや年度別にしっかり分類されていないと……棚の前で探すということになりがちです。

〉〉〉簿冊式ファイリングのメリット

簿冊式と言ってもポケット式のもの、穴を開けて綴じるもの、レバーで押さえるものなど、いろいろな種類や色があり、素材も紙やプラスチック系があり、選択肢がたくさんあります。

書類を綴じて棚に立てるので、背表紙にタイトルを付けます。これがしっかり書かれていれば探しやすいです。出し入れの際に書類がこぼれ落ちず、持ち運びも楽です。

〉〉〉簿冊式ファイルのデメリット

しかし、書類を綴じるのには、穴を開け、綴じ具を外して入れ、また綴じるという手間が必要になります。反対に書類を取り出すには綴じ具を外し、書類を抜き出し、また書類を戻し、綴じ具を嵌めて棚にしまうということをやらなければなりません。

また、書類の枚数が少なくても、ファイルの厚さが5cmならば、その5cm分の幅が必要です。

〉〉〉ファイルが元に戻る仕組み

いつもファイルが同じところにあれば、次に使う時もすぐに場所が分かり、探さずに済みます。

ところが出した後に適当に戻したり、何冊も同時に出したりすると、戻す場所が分からなくなります。

それを防ぐ工夫を背表紙にちょっとするだけで分かりやすくなり、乱れなくなります。

簿冊式ファイリングの
メリット・デメリット

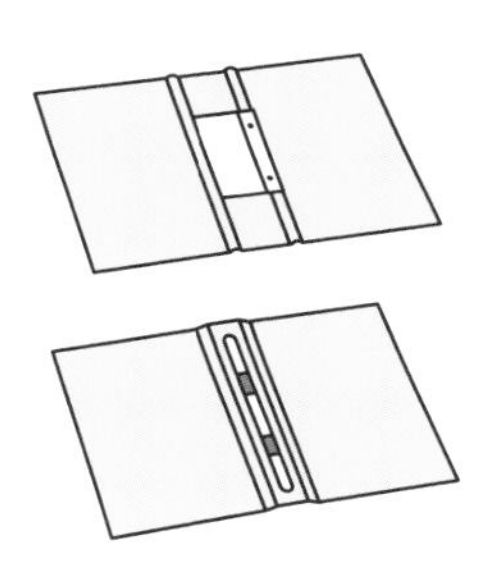

薄冊式ファイル

領域ごとに色を決めておくとよいです。デメリットは書類が少なくてもこの幅が必要なので場所を取り、書類の廃棄が面倒です。

方 法	メリット	デメリット
簿冊式	・持ち運びしやすい ・書類がバラバラにならない ・パラパラと本のようにめくって見ることができる ・使い方や保存の仕方でいろいろな種類のファイルを使い分けできる	・書類が少ない時でもファイルの幅が必要 ・収納場所を多く取る ・穴を開けて入れて閉じるなど出し入れの手間がかかる ・穴あけパンチが必要 ・種類や色がいろいろあるので補充が手間 ・古い書類を取り出して処分しにくい ・ファイルごと処分すると環境に負荷がかかる

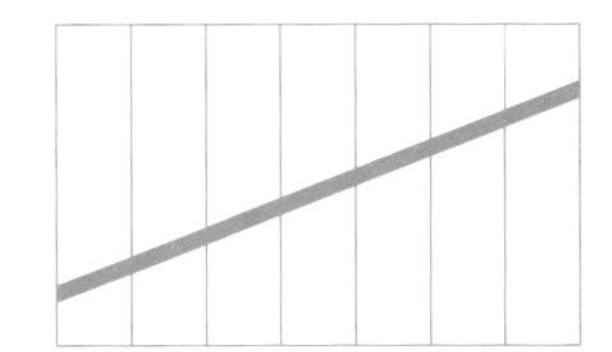

ファイルが乱れない仕組み作り

背表紙に斜めラインをテープで貼ると
元の場所に戻しやすくなります。
（マスキングテープがよい）

POINT デメリットをメリットに変える

9-5

簿冊式からバーチカル式ファイリングへ

〉〉〉書類を処分しやすくするために

簿冊式のデメリット、綴じ具を外したり嵌めたりする手間をなくし、不要な書類を処分しやすくするために生みだされたのが、綴じないで挟むだけのバーチカル式ファイリングです。最近、オフィスで取り入れるようになってきました。

〉〉〉バーチカル式ファイリングとは？

必要な用具は、右側にタイトルを付ける見出し山が付いている個別フォルダです。色は原則として一色にし、カラーでの情報識別は見出しラベルで行います。

紙製とPP製がありますが、廃棄を考えると紙製、持ち出し頻度が高ければPP製と、使い分けてもよいです。

1フォルダに小分類で1タイトル。これを年度毎に作ります。○○関係などというタイトルはNG。また、1フォルダに挟む書類は80枚までとし、それ以上増えたら分冊します。

バーチカルファイリングの基本は挟むだけですが、中身がバラバラにならないようにするためにファスナーという綴じ具があるので、それを使えば大丈夫です。

〉〉〉分類が肝

左側の山に大分類、中分類のタイトルを付けた見出しガイドというものを入れて、右側に最小単位のまとまりとしての個別フォルダのタイトルが並ぶように分類します。これが簿冊式ファイリングの背表紙のタイトルに該当します。

ここで大事なことは、大↓中↓小と言う分類がしっかりできていることです。この分類は学校ごとにやるのではなく、市区町村単位で決めると、どこの学校でも同じ分類になるので、異動しても分かりやすくなります。

ただ、このやり方に切り替えるには、みんなでしっかりとバーチカル式ファイリングの研修をする必要があります。

バーチカル式ファイリングとは?

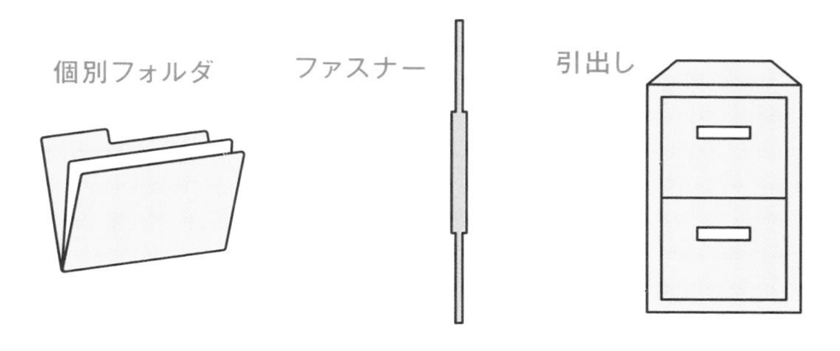

大分類→中分類→小分類。この分類を自治体ごとに決めておくと、異動しても同じなのでとても楽です。

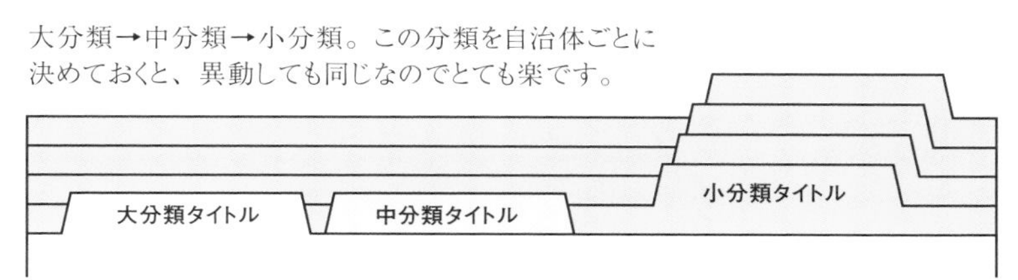

方法	メリット	デメリット
バーチカル式	・入れやすい(挟むだけ) ・出しやすい(取り出すだけ) ・綴じ具がないので古い書類を処分しやすい ・収納場所をあまり取らない ・書類の増減に対応しやすい ・使うモノは個別フォルダとファイルボックスだけ ・同じ用具で揃えれば補充が楽 ・処分するのは個別フォルダのみ	・書類がバラバラになる (ファスナーを使えば綴じられる) ・ファイルボックスまたは 専用のキャビネットが必要

専用の棚や引き出しがない時は、ファイルボックスを使います。

POINT ファイリングは分類と廃棄が肝

9-6 それぞれのよさを活かして

簿冊式、バーチカル式、どちらのやり方にもメリット・デメリットがあります。が、今のやり方をちょっと工夫するだけで、とても使いやすくなります。

〉〉色を工夫する

最近ではファイルの色も多様になってきました。けれど、使う色は使う人任せなのでバラバラです。

できれば自治体ごとにカテゴリー別の色分けにしたら、みんなが分かりやすくなるのではないかと思います。また、色を何色も購入せず、基本同色にしてシール等で色を分けたら、補充も楽になります。

〉〉分類を工夫する

自治体ごとに決まっているところはよいですが、どんな分類にするかというのはどの学校でも同じ課題です。

学校では行事、教科、学年、研究、人権、福祉、防災、地域……など、どの学校でも共通です。

また、ペーパーレス化も進んでいますが、その前にしっかりと分類項目を作っておく必要があります。

〉〉年度ごとに作る

どのやり方でもファイルは年度ごとに作り、現年度、前年度、場合によっては前々年度と年度別に収納する棚（引き出し）を分けておきます。

現年度のファイルやフォルダを一番多く使うので、一番使いやすい棚（引き出し）に並べます。バーチカルファイリング専用のキャビネットが無い場合は、ファイルボックスを使います。前年度のファイルやフォルダは棚の場合は上段、引き出し（キャビネット）の場合は下段に並べます。

そして、新年度4月1日以降に移し替えを。それまでのファイルやフォルダは上段または下段に移し、また新しく現年度のフォルダを作ります。毎年使うモノは常用書類として、現年度の棚に置いておきます。

ファイルは毎年作る

年度が変わったら移し替えます

毎年これを繰り返し、保存年限が過ぎた
書類はファイルやフォルダごと処分していきます。

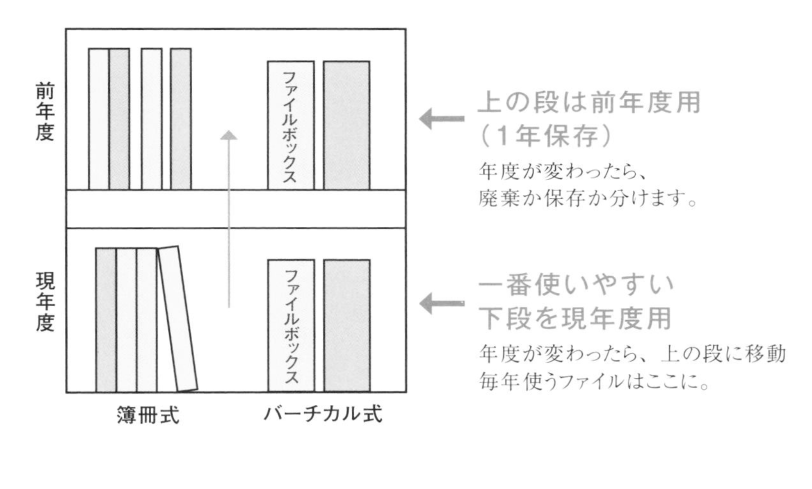

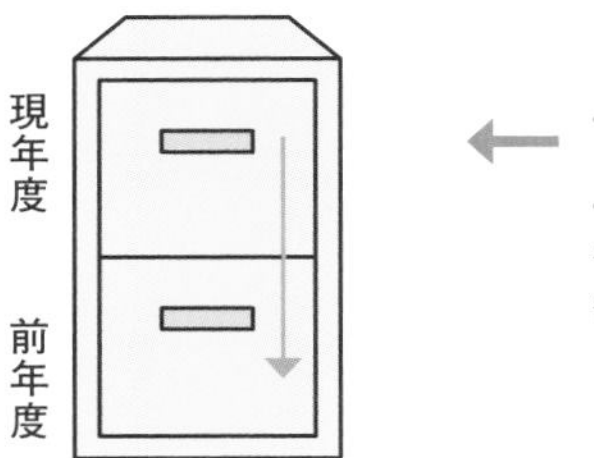

POINT 書類整理で出し入れの時間もスペースも減らす

DIYアドバイザーから見た教育環境整備コラム❽

校内には使えるモノがいっぱいある

いろいろな学校を回っていると、廃材を上手く使って作っているモノに出会うことがよくある。

例えば、児童の机の天板と脚部を外し、板として組み合わせていたり、脚部だけを使ったりしていて、なるほどよく考えていると感心してしまう。

こういうアイデアが浮かぶ人がいるからできることではあるが、わざわざ買うためにお金を使わないことは、SDGs的にもよいことだと思う。

特に、収納することについては、買わなくてもいろいろ利用できるモノがあるので、校内で探してみるとよい。

教室にある戸棚の棚板を増やしたい時は廃棄の戸棚の棚板を外し、棚受けの部分の規格が合えば、その棚板を使うこともできる。

普通付いている棚板は２枚なので、あと２枚増やせば収納量を２倍にできる。プリントやテストなどを重ねずに収納でき、すぐ出し入れできるようになり便利である。

そんなに面倒なDIYをしなくても、「ここに○○があったら便利」だと思う時、校内には結構お誂え向きのモノが見つかる。ある学校で相談室にあった資料を職員室に移動したかった時、教具室にちょうどよいワゴンがあるのを見つけ、早速使ってみた。

DIYというのは日曜大工と言い換えられ、何か木工品を作るのがDIYと思う人が多いが、修理・修繕もDIYだ。不便を便利にするために、少し手を加えるのもDIYだ。

そのちょっとの手間をかけることで、教職員、そして児童・生徒が快適に学習し、過ごせるようになると思う。

【参考文献】

・一般社団法人日本経営協会 編集（2011）『基礎から学ぶトータル・ファイリングシステム――ファイリングデザイナー2級テキスト』一般社団法人日本経営協会

・（株）OJTソリューションズ（2012）『トヨタの片づけ』中経出版

・小島弘章（2015）『収納検定公式テキスト3級』一般社団法人日本収納検定協会

・小島弘章（2015）『収納検定公式テキスト2級』一般社団法人日本収納検定協会

・小島弘章（2017）『収納検定公式テキスト1級』一般社団法人日本収納検定協会

・澤一良（2018）『整理収納アドバイザー公式テキスト 一番わかりやすい整理入門 第4版』ハウジングエージェンシー

・長野ゆか（2022）『オフィスの効率化ファイリング』同文館出版

おわりに ――事務職員、2人のSさんとの出会い

片づけの研修会の講師をした時、元同僚の事務職員Sさんと偶然再会しました。
そのご縁でY小学校の図工室を片づけ、さらに事務室も片づけることになりました。その時のことを、Sさんがこのように書いてくれました。

○夏の研修後、自力で改善したものの、探し物をする方がそれほど減らずお願いしました。
○図工室整備が本来の支援内容ということで、図工室に1日かかり、別日に来ていただきました。レクチャーしつつ先生がパパッとどんどん整頓してくださいました。
○使用目的で関連付け（そこにあるものの配置を変えただけで、マジック！）ラベルまでカラーを意識、ガラス扉撤去。探す時間が驚くほど短縮、在庫管理もし易く、大変な効率化になりました。
○私はビニールテープで囲うのに抵抗があり、赤（書くもの）と青（貼るもの）だけでしたが、あまりの効果に紙類・文具も自分で後から囲いました。
○棚の前に立ち尽くして探す方々に毎日何度も声をかけていたのが、やったその日から、何十回来る方来る方すっと持っていかれます（すぐに探せなかった方は1人のみ）。探して立ち尽くしているのは出してないものの時だけ。「何をお探しですか？」と聞かない事務室ができあがりました。

という、嬉しい言葉をもらったことが追い風となり、事務室の改善を進めることができました。

もう1人、T小学校で事務職員Sさんとの出会いも、私の大きなターニングポイントになりました。Sさんは横浜市公立学校事務職員研究協議会の役員の一人で、その後、横浜市の事務職員研修会の講師を仰せつかりました。そして、研修会でたくさんの事務職員の方に、片づけのよさ、仕組み作りを伝える機会を持つことができました。

今ではこの2人のSさんは異動先の学校でも、どんどん片づく仕組みを工夫して、使いやすく、またきれいな事務室をキープしています。しかも、業者さんからも褒められたというのです。こうやって私が伝えてきたことを実践し続けているお2人に、本当に感謝しています。

片づけは頭で分かっていても実際に実践しなければ何も変わりません。とにかくやってみる。それも適当にやるのでなく、片づけのポイントに沿ってやってみることです。

この本に掲載されているたくさんの写真の提供をしてくれたのは、横浜市内の小・中学校です。校長先生をはじめ、たくさんの教員、2人のSさんをはじめ事務職員の方、技術員の方にもお世話になりました。ここでお礼を申し上げます。

また、最後になりましたが、大変お世話になった学事出版『学校事務』の編集長若染雄太様、前編集長木村拓様にも感謝申し上げます。

この本の中の片づく仕組みが働き方改革の一助になって欲しいと、心から願っています。

2023年2月吉日　学校片づけアドバイザー　伊藤寛子

【著者プロフィール】

伊藤寛子(いとう・ひろこ)

学校片づけアドバイザー

収育士、整理収納アドバイザー1級、ファイリングデザイナー2級、オフィス環境診断士

公立小学校教諭として31年間勤務の後、インテリアコーディネーターの専門学校にて学び、2008年から整理収納アドバイザーとなる。2010年より収納王子コジマジックのアシスタントに。教員時代の経験を活かし、教職員、事務職員に向けた片づけのセミナーをはじめ、学校の環境改善のアドバイスやコンサルティングを行う。

yuyu_suteki@ybb.ne.jp

学校の片づけ術

今日からできて、「キレイ」が続く仕組み作り

2023年3月24日　初版第1刷発行

著　者　伊藤 寛子

発行者　安部 英行

発行所　学事出版株式会社

〒101-0051 東京都千代田区神田神保町1-2-5

電話 03-3518-9655　https://www.gakuji.co.jp

編集担当　若染 雄太

装丁・デザイン　弾デザイン事務所

印刷・製本　電算印刷株式会社

ISBN 978-4-7619-2913-8　C3037　Printed in Japan